常读·人物志
现实与创意

◆ 陆新之 主编

西南财经大学出版社

"常读"系列编委会（名单以姓氏笔画为序）

王炜，曾任职于中国工商银行、国泰君安、IBM、新浪网、凤凰新媒体与和讯网高管，乐钱创始人兼CEO。

仲伟志，区域经济专家，原《经济观察报》执行总编辑，现任《投资时报》总编辑。

汗青，历史研究学者，同时也是国内著名古兵器收藏和研究者。

吴声，罗辑思维联合创始人，互联网专家。

吴伯凡，作家，杂志发行人。

陆新之，基金合伙人，文化机构联合创始人，财经评论员。

张春蔚，阳春科技联合创始人，《财经郎眼》《对话》《等着我》等多档电视节目嘉宾、策划，中央人民广播电台中国之声特约评论员，曾任职于《南方周末》《金融时报》（中文网产业版主编）。

孟雷，作家，《经济观察报》社委、副总经理。

姚长盛，著名电视节目主持人。

骆明，《体坛周报》副总编辑，国际"金球奖"媒体评委，足球专家。

魏航，足球专家，原体坛网总编辑。

你一定很少看书了，因为累；杂志也懒得看了，因为忙。

但你依然在看和读：早起的枕畔，卫生间里面，午饭后的瞌睡间歇，临睡前的挣扎，你牢牢抓着手机。

我们不能给你阅读的理由，但我们知道，有些内容可以让你的朋友圈更优雅。

我们不能拼接你碎片化的时间，但我们相信，有些阅读可以让你放慢脚步，哪怕只是假装。

目录

001	雷军和陈年：无法形容的这种感情	陆新之
024	和陈年的晚餐，从苍井空到生与死	沈威风
042	史玉柱：不可复制的争议人物	吴比　郭亮
057	李东生：罕见的公司重生	吴比　郭亮
073	王雪红：不想被控制	陆新之　邓鹏
096	宗庆后：肉搏达能纪实	吴比　郭亮
109	卡梅伦·约翰逊：生意无大小，创业无优劣	陆新之　邓鹏
125	杨勃：豆瓣的小资十年	曾宪皓
139	李兆基：高调做事，低调做人	十二叔
163	邵逸夫：百岁的娱乐大亨	十二叔
200	李朝旺：韧者行远	段传敏　徐军

雷军不出意料地前来为陈年助阵。他调侃说,"我人生最倒霉的事情是投资了凡客,以后只能穿凡客的产品。"

雷军和陈年:无法形容的这种感情

文/陆新之

在凡客发展的巅峰时期,陈年隐隐地感觉哪里不对劲儿,但又不知道问题在哪里。"第一次真正点醒我、让我彻底反思凡客模式的,是我多年的好兄弟雷军。"陈年后来说。

性格迥异,互相欣赏

雷军与陈年同岁,俩人的性格却截然不同,生活经历也天差地别。

雷军,1969年生,湖北人,武汉大学计算机系毕业。多年之后,他这样描述自己的大学时代:每天早上七点钟去教室占座位,在最好的位置上听课；周六自习到九十点钟，然后去看电影；用两年的时间修完了大学四年的课程。大学里的老师想让雷军帮着做课题，就把自己机房的钥匙给了雷军，最多的时候，他同时拥有三个老师机房的钥匙。他有午睡的习惯，但当他看到有同学不睡午觉看书的时候，因为害怕落后，就把午睡的习惯改掉了。

由于家里并不富裕，还有一个姐姐也在上大学，雷军每月150块钱的生活费是家里月收入的一半，他心里很不是滋味。于是大二的时候，他上了武汉的电子一条街，背个大包在街上帮别人装软件、修机器。就是在这条街上，雷军认识了王全国。这被他视为是生命中最重要的事情之一。

1991年参加工作后，雷军在包里放了一个小笔记本，记录自己每半小时都干了什么。哪怕浪费了半小时，他心里都会觉得难过。他是个工作狂，他认为学会的东西首先是自己的，其次才是公司的。

那年11月，他的人生出现了一次幸运的转折。在一个计算机展览会上，雷军见到了仰慕已久的求伯君。他用"震撼"来形容自己的感受，其中一个原因是求伯君穿了一件黑色呢子大衣，在他眼里，那就是成功的象征。求伯君在北大南门的全聚德烤鸭店请雷军吃了一顿烤鸭，劝雷军来金山软件。经济观察报记者李晶在她的一篇名为《雷军归来》的文章中，这样总结过雷军的少年和青年时期：

这是年少的雷军的性格，这种性格决定了他在事业上也是力争上游的。雷军1992年进入金山软件公司，6年后他成为金山公司的总经理。1998年，联想以450万美元现金外加450万美元商誉注资金山软件，公司实现重组，雷军出任CEO。至此，金山成为中国通用软件业第一大公司。

雷军是一个典型的好孩子，学习好、成绩好、工作也好。而陈年却不是，据他自己后来在半自传体式的小说《归去来》中透露，他是一个被母亲抛弃的非婚生子，从小跟奶奶生活在山西农村，中学以后才到大连和父亲生活在一起。在高考前一年，他被一种突如其来的革命浪漫主义激情点燃，自己跑回了山西老家，在当地的一所中学当了一年的代课英语老师。又因为和女学生闹了一点绯闻，他连夜又赶回大连参加高考，并最终考取了当地的一所大学，校名和专业不详。当然，这都不重要了，因为最后陈年也没有能够顺利从大学毕业，他只拿到了一张肄业证书。然而，那张肄业证书在他跑到北京住在一家小旅馆里的时候，不知道丢到哪里去了。

这样典型的不靠谱的男青年的生活方式，没有妨碍陈年成为一个文青。甚至因为长时间"游荡在社会边缘"，让他的性格更加愤世嫉俗。他也做过投机倒把的小生意，蒙过人也被人骗过。他怀抱着当记者的梦想，在报纸杂志上写文章并在能月入过万元的时候，鄙视当时的微软总经理杜家滨问他"当记者能赚钱吗"，认为有那种想法是一件极其庸俗的事。

1999年，陈年是《书评周刊》的主编，他在《书评周刊》搞了一个千年读书的活动。对他的价值观和世界观产生巨大影响的是他少年时看的那些来自西方的名著和读物。而这一个千年读书的活动，让陈年一头扎进了中国的古代文化和思想当中。他把王阳明、朱熹这些思想家的书通读了一遍之后，价值观再度发生了变化。

他不想再待在媒体行业里了，他甚至不想再待在文化产业里了。这其中有部分原因是，在中国做媒体从来不能随心所欲，即便是写书评、谈好书，也不能例外。更重要的一个原因是，陈年突然觉得自己应该去完成一件自己一直想做的事情，他打算写一本书。

1999年，陈年往后看了一千年，心潮澎湃。雷军向前看了几十年，热血沸腾。

其实，陈年和雷军结识于1998年，但当时混迹于不同圈子的两个人，互相欣赏，却从未预料到他们有如此深的缘分，会互助、互信、互相陪伴走过十几年甚至更长的人生道路。

"情定"卓越网

1998年，互联网热潮刚刚在国内兴起，未到而立之年的雷军对这一新鲜事物十分感兴趣。他认定互联网将是未来方向。所以金山公司也打算投资开设一个IT网站，期望在互联网大潮中有一个立足之地。

1999年2月，卓越网上线试运行，当时仅5名员工，属于金山软件公司下属的一个事业部。卓越网当时的发展目标是做"最大最好的中文下载网站"。卓越网用了半年时间就在中国互联网络信息中心(China Internet Network Information Center，简称CNNIC)的网站排名上排到33位，成为知名的中文软件下载网站。1999年8月，卓越网推出自己的离线软件服务系列光盘：卓越软件空间，随后又推出卓越软件空间II以及卓越软件空间2000。

由于1999年中国内地互联网发展还不健全，作为一个提供IT资讯和下载服务的网站很难得到实际收益。卓越网每月维持运营的费用很高，却没有任何收入。当然，这在当时的中国互联网界，并不是什么出奇的现象。几乎所有的网站都是在烧钱，大家都在想着怎么把钱花出去，而不是怎么把钱赚进来。

雷军决定步子要迈得更大一些，他决心要改组卓越网，将其转型为B2C电子商务网站，定位为"网上精品店"。2000年1月，卓越网从金山软件公司中分拆出来，金山软件为第一大股东，联想集团所属联想投资为第二大股东，由雷军任董事长。据说他原本是打算自己出任CEO的，但是包括当时的金山董事长杨元庆在内的所有人都不同意，他只能担任董事长。

卖什么呢？有亚马逊的例子在，所有人几乎都会把图书当成是一个最好的选择，但是雷军觉得团队里面缺少一个懂文化、懂书籍和懂出版的人。于是，雷军很自然地想到了两年前结识的文化圈的陈年。

雷军信心满满地给陈年描述了自己的计划，他说他只想卖三种东西，"要卖一本书，卖到100万册；要卖一张CD，卖到100万张；还要卖一个软件，也卖到100万套。"

陈年已经是个互联网的使用者，但是互联网时代的到来对于当时的他而言，并没有如雷军这等技术人员那样意义深远。陈年所理解的互联网，仅仅是一种交流的工具，可以去那里获取很多信息，仅此而已。

在雷军找到他之前，比卓越网稍早一点成立的当当网的创始人李国庆已经找过陈年，希望他能够加盟。但是陈年拒绝了。

他答应了雷军，理由很简单，后者是他的朋友。他想，就是帮朋友一个忙，干个一两年，或许就可以离开，做自己想做的事去了。

2000年年初，雷军和陈年心中打着美好的算盘。就像他们把卓越网的口号改成了"超越平凡生活"一样，这两个刚刚三十而立的年轻人规划的蓝图自然很不平凡。

他们的设想是在卓越设立三个事业部：图书事业部、音乐事业部和软件事业部。早期，卓越的这三个事业部是的的确确存在的。软件事业部就是提供软件的下载，这是卓越的老本行。当时，他们设想能写出一个"伟大的程序"，而消费者只能在卓越网上下载、购买这个程序。这样，雷军"卖一个软件，卖掉100万套"的目标就会很容易实现。然而，设计一款"伟大的程序"又岂会那么简单，假如当年卓越网成功了，那微软可能要就此消失了。事实是，软件事业部一时半会儿根本做不出多么伟大的软件，这个设想仅仅是个美好的愿望，最终也没有成为现实。

音乐事业部是最让陈年惊讶的一个部门。尽管他原来也是混文化圈的人，可是他仍然每天都在想，音乐事业部的那帮人怎么都这么怪。那些人看起来就很另类，头发要么特别长，要么就是光头。他觉得音乐事业部的同事谈论事情也非常有意思，如果说下个星期要出王菲的唱片，这帮人就称"下周把王菲搞定"，还扬言他们要出一张最红的唱片，要通过卓越网卖100万张或者1 000万张。

这是一群特别有激情的人，只可惜，这帮同事们这周想着搞定王菲，下周又很沮丧地说，王菲联系不到，只好联系别人了。后来，他们搞定过朴树、羽泉等音乐人，但要说做一张惊世骇俗的唱片，当时的卓越恐怕还真没有达到那个水准，而且起初他们都没有考虑到盗版的问题。当时做互联网还很幼稚的他们，谁都没有想到盗版这个问题——只要卓越网卖出一张唱片，所有人都可以盗版。这个问题，事实上还将困扰这个行业很多年。

当音乐事业部"卖千万张唱片"的计划也近乎夭折的时候，大家都把希望放到了陈年的身上，都说陈年这么牛的人一定能找到中国最红的作家，让他写一本最红的书，消费者只能从卓越网上买到这本书，那以后卖个几百万册甚至上千万册就不成问题了。

作为图书事业部总监，带着众人的期盼，陈年踏出了打造"那本书"的第一步，他找到了当时图书界比较火的作者之一——卫慧。陈年很快说服卫慧将她下一本书交给卓越卖。可没过多久，一个不幸的消息就传到了卓越那里：卫慧的书被当局列为了禁书。任何版社都不可以出版她的书了，任何媒体都不可以采访她。于是，陈年此前所做的工作都白费了，他不得不重新思考用一种新的方式开拓卓越的产品线。

卫慧的书不能出版，陈年就想到与出版社合作做其他畅销书的办法，这也是形势所迫。在这样的业务模式中，陈年就能发挥他在出版行业的优势了，毕竟他曾做过报纸、杂志工作，在这一领域积攒了不少人脉。陈年开始联系其他畅销书作者，和很多出版社打交道。陈年带领图书事业部的一群年轻人，整日东奔西走，联系出版社，终于在2000年4月，初步建起了一支采购、销售、库存、配送队伍。卓越网不再是空壳了。也是在这个时候，高春辉宣布因理念不同，辞去总经理职务，离开卓越网。卓越网遂全面停止原有的软件下载服务，随后停止提供IT资讯内容。

2000年5月11日，卓越网以一种全新的面貌出现了，即一个销售

1999年，陈年往后看了一千年，心潮澎湃。雷军向前看了几十年，热血沸腾。

图书的电子商务网站。而陈年也以新的身份出现在了卓越，即卓越网副总裁。

雷军很快发现，他很庆幸找到了陈年。

雷军等人创办卓越网，是为了将其发展成为"中国的亚马逊"，但他们实现理想的步伐却是从"反亚马逊"开始的。当时的亚马逊采用的是大而全的经营模式，其他许多电子商务网站也都学亚马逊，有数量巨大的产品种类，网站页面上有许多分类。但雷军认为，像亚马逊这样的模式，基础在于美国有良好的信用和金融支付系统，美国的信用卡总量超过7亿张，平均每个美国人有3.5张信用卡，发达的金融电子化使网上支付变得十分容易，另外信用卡对用户的金融信用记录十分完善，整个美国社会的信用制度也十分健全，都为网上交易活动提供了良好的信用保证。二是发达的物流体系，美国有像美国邮政局、UPS、Fedex这样著名的大型物流企业，有遍布全国的现代物流网络，可以保证顾客从网上订购的产品在1～3天内到货，这为网上零售所必需的商品配送提供了支持。更重要的是，美国有强大的信息化的基础，有方便快捷的沟通系统和超大的上游供货商，这些保证了亚马逊能够提供海量的商品。但这种大而全的模式在中国行不通。

于是，雷军想，海量的货品暂时做不到，那么就做精品，我们帮助客户从海量的商品中把精品选出来，也许是一件，也许是十件。这些商品不仅要质量好，也要能保证充足货源，在客户下单之后能迅速地送到客户手上，这不就满足了客户需求了吗？

陈年在一个多月的时间里挑选出了一本让他自己和整个卓越网都印象深刻的图书——《加菲猫》。

当时，陈年找到的是《加菲猫》的32开漫画。在一一打电话给自己出版行业的朋友时，陈年的一位朋友说他有这套书的版权，定价99元，并且可以三折卖给陈年。陈年当时一听非常激动，不仅是因为这本《加菲猫》的价格低，而且因为根据他调查市场的结果，这套书是比较符合当时的大众口味。陈年当即就决定购买这套书的版权，之后他要做的，就是向大众推广这本书，也就是宣传造势。

其实，那个时候，很多人已经知道了《加菲猫》并对其有浓厚的兴趣，但他们都不知道去哪里买一套正版的《加菲猫》全集。正当此时，陈年低价买回了《加菲猫》的版权。这一次，他不仅为读者挑到了一本好书，还帮卓越找到了"那本书"，那本揭开卓越网图书电子商务序幕的书。

"朋友给我很多《加菲猫》，因为他这辈子都没有在那么短的时间里卖掉过那么多书。"陈年回忆说。在那之后，他便开始在卓越网上卖《加菲猫》，他三折买来，同样用三折的价钱卖，即29元。

《加菲猫》是卓越网卖的第一本书，也是卓越网对电子商务很成功的一次尝试。此后一段时间里，卓越虽也卖过不少其他书，但都卖得不太好。所以，陈年总是乐意向别人讲述他与《加菲猫》的故事，因为"它卖得非常好，我们挑的其他书我就有意识地把它们忘记了——因为它们卖得都不好"。

在走精品路线的过程中，陈年追求的并不是绝对的精品，不是高档、高雅产品，而是"要将庸俗和畅销放大到极致，要努力迎合商业社会"。《加菲猫》就是他对这种路线的初次尝试。

紧接着，在陈年的精心安排下，卓越网成功销售了《大话西游》和《东京爱情故事》。《大话西游》定价4元一套，一天卖出去5000套；《东京爱情故事》的销量打破了传统销售渠道的销售记录。

与此同时，在陈年的主持下，卓越网图书事业部推出《毛泽东传》和《江青传》等精品。陈年还利用自己的策划专长，重新包装打造黄仁宇系列图书，以口碑效应带动图书销量，从而实现名利双收。陈年几乎开创了图书市场及互联网电子商务的一个新局面。

后来，有人说陈年是个见缝插针的人，这不是在贬低他，而是惊叹于他对商机的把握能力。一次偶然的机会，陈年听说三联书店的《钱钟书全集》还有400套没有卖出去，三联书店的总经理非常着急。当时没人敢要这400套书，因为价格太贵了，但陈年没有犹豫，他提出要买下这些书，三联书店的总经理十分惊讶，他问陈年："你真的要买吗？"陈年说："我真的要买啊，到底几折能卖给我？你不能那么高的折扣给我啊。"

其实，陈年那时也很惊讶，他不明白为什么这么好的书就是卖不出去，他要尝试用自己的方法去卖书。最后，三联书店的经理给了极低的折扣，陈年乐坏了。但同时，他的心里也开始打鼓，毕竟这么多套书，一套就接近1 000块钱，到底能不能卖得动真是个未知数。不过，有了之前卖"黄仁宇系列"的经验，这次陈年对《钱钟书全集》也更有把握了，他大致沿用以前的一些推介方法，将这套书放在卓越的首页上，展示出的也是更能打动用户的文字。结果这些书很快就卖光了，连陈年自己都没想到它的反响会这么好。

自那以后，许多人觉得陈年的商业眼光有些另类，别人卖不掉或者压根没想着去卖的书，陈年却能让其畅销。商业社会里，人人都更愿做有利益保障的事，谁也不愿意承担高风险，但陈年却是这样一个喜欢冒险的人。这甚至让很多人觉得不可思议，不理解他为什么会这么大胆。然而，陈年自己并不认为这是冒险，而是自己在这方面理想的一个实践过程。他说："因为过去有这方面的理想，所以希望它在这个时候展现出来。我在初期一般做事是这样的，进入这个游戏，看到它的规则是这样的，那我首先会符合大多数的口味，我会把自己的那一套紧紧地压住。但是，一旦有缝隙的时候，我肯定会把它呈现出来，而且事实上是对的。"

卓越网成立3年后，做到了国内音像零售第一、图书零售前五名，实现了毛利率30%的目标。卓越网每年收入增长超过170%，2003年的第二季度实现了盈利。这一切能呈现出来的数字，加上2003年爆发的非典疫情对电子商务显而易见的促进作用，让卓越网在表面上看起来很美。

可是陈年说，那是他职业生涯中的第一次危机，整个人都很焦虑，因为绝望。他的绝望是因为账上没有钱，大概只有一百多万元，维持公司日常运营开销都有点紧紧巴巴。而供货商每天坐在他的办公室门口等着要钱，陈年曾经是个文人，喜欢读书，也喜欢和文化人交朋友，卓越网的供货商就是出版社和民营的出版公司，这些人原本都是他的朋友。可是，因为卓越网的利益关系，他只能"赖账"。陈年说："我知道他们很讨厌我，我把折扣压到很低，三点五折、四折，供应商基本都快没有利润空间了。而且还赖账不结钱，我也没法给他们结钱。后来他们成立了一个反陈年联盟，说大家要团结起来对抗陈年，不给卓越网供货了。"

领头的那家书商和陈年的关系很好，叫新经典，后来陈年自己的书还是找这家公司做的，但是陈年为了瓦解他们的联盟，只能又硬着头皮从内部各个击破，找人私下勾兑，说我可以提高你的折扣，别人三点五折，你四折就行。

反陈年联盟轻而易举地被他瓦解了，可见书商们也实在是底气不足，迫于生存压力只能屈服于蝇头小利。但是，这些都是杯水车薪，靠拖欠供货商的货款，并不能从根本上改变卓越网窘迫的境况。

于是，当2003年10月亚马孙向卓越伸出橄榄枝的时候，卓越网上下都很紧张。陈年略带调侃地回忆起听到亚马逊的副总裁即将来访的那天早晨，"雷军特紧张，一大早跑到办公室来，说这不行，我们得布置布置"。于是他们把办公室布置了一番，还在门口拉上了大红的横幅，写上"Welcome Amazon"的字样。这件事最后闹了一点不愉快，雷军的助手拍了照片，并把照片传到网上去了。结果第二天亚马逊的代表见到柳传志的时候，就对柳传志说，你们联想挺务实的，怎么这个公司这么虚荣，这么快新闻就出来了。

原来互联网上的那张照片已经被亚马逊的公关公司监测到，并迅速把消息传递到副总裁耳中。陈年说，那天"布置办公室"的时候，他没在现场，事后也被认定成幕后黑手。而这件小小的不愉快，增添了卓越高层的紧张情绪，甚至在吃饭的时候都不敢多说话，"生怕说错了一句话，人家就不买我们了"。

很多年以后，陈年恍然大悟，"这种恐惧，其实是一种不对等的地位在作祟，亚马逊怎么会不买我们？国际化是他们一定要做的事，中国市场是他们不可能放过的市场，他们进入中国市场的手段就是收购，不是当当网就是卓越网。怎么可能会因为我们某个人在饭桌上说的一句话，而轻易改变决定？"

2004年8月，卓越以7 500万美元的价格被卖给了亚马逊，陈年与雷军都哭了，各种情绪夹杂在泪里。

唯一的知己？

在收购完成之后，雷军在2004年第三季度卸任卓越网董事长，其持有的5%股权全部套现，约375万美元。

从卓越网离开后，陈年找不到方向。对互联网一直保持高度关注的雷军，建议陈年进入网络游戏领域。2005年，雷军和陈年做了一家运营网络游戏装备的网站，名字叫我有网。雷军是投资人之一，真正做运营的是陈年。这是陈年高调离开卓越网之后的第一次创业。

他们选择的游戏装备这个行业，看起来是一个狭窄市场，实际上在那个时候，网络游戏随着盛大网络于2004年在纳斯达克上市而被视作最有想象力的互联网行业。在2001年，盛大网络凭借一款名为《传奇》的游戏，当年盈利上亿元。这个数字在今天看来似乎有些寡淡，但是对于10年前还过着清苦日子的电子商务公司来说，简直就是天方夜谭。2005年，网游显然还是一个继续发展繁荣中的市场，在这个市场中以电子商务的方式来分一杯羹，看起来是一个很讨巧的方式。据说这个市场的毛利率能达到40%，净利率更是高达20%，这足以让清苦地卖了几年书的雷军和陈年二人两眼放光——这帮人，可能不太懂网游，但是以专业B2C的态度来卖网游装备，不是应该会给这个混乱无组织的市场刮进一股小清新的风吗？

我有网从2005年4月成立，到2006年上半年，花了差不多一年的时间，做成了一个不上不下、不死不活的公司。你不能说它彻底失败，它当然有交易，在行业里也有一定的影响力，但是它未来的发展方向却让人很迷茫。

然而，就在这个时候，创始人陈年做了一件极其不靠谱的事情，他被突如其来的创作激情击中，不可遏止、激情四射地跑回家去写小说。他要写一部个人心灵史，把他那远在山西农村的童年和少年时期的亲人朋友的故事，写成一部家族史。据说光是躲在家里写他还不满意，他还找了一个小宾馆，一个人关在房间里昏天黑地地写了几个月，最终写成了一部名叫《归去来》的小说。

企业家出书当然不是新闻，不过这部小说的完成足以证明陈年是企业家里最有文艺腔调的。该书由新经典文化公司出版，据说这家公司是当年在卓越时期被陈年拖欠货款最严重的供货商之一。这本书在当当网和卓越网等电子商务网站有售，据陈年自称卖了几万本，但真正能看完的人可能不会太多。

为此投资人付出了相当大的代价。有的投资人后来会开玩笑地翻着《归去来》说，看看这一个字值多少钱。但是，雷军却很欣赏这部作品。实际上，这部小说就是陈年的个人心灵史，记叙了一段山西农村平静琐碎的往事和一个少年懵懂混乱的青春岁月，但它的销量并不算太好。雷军在那段时间，逢人就推荐《归去来》，没有收到回应的时候，他感叹，难道世界上只有我一个人是陈年的知己吗？

可见，雷军对于我有网的失败并无芥蒂。不过陈年自己有些不好意思，他后来说，2006年他在投资人心目中的信用跌至谷底，亟待触底反弹。当然，有没有陈年的这次心血来潮，我有网都不太可能有将来，因为这家公司实际上没有在对的时间做对的事情。我有网创建于2005年，很快就遭遇到国内网游企业——盛大网络所开创的国外所没有的"免费模式"的冲击。盛大网络的这一"免费"举措让人看到了中国互联网公司的气魄和这块特殊市场的与众不同。可是对于像我有网这样的上下游企业来说，这样的釜底抽薪断了它们的生存根本。如果我有网能提前三年诞生，结果可能完全不一样。

大起大落，始终相伴

在不知不觉中，雷军的身份发生了转变。当然，他仍然是一个成功的企业家，可是对于中国互联网行业来说，"投资人雷军"比"企业家雷军"更加重要。

2007年金山软件上市，雷军持有14.9%的股份（1.58亿股），以每股股价5港元算，身家约8亿港元。2007年12月，雷军从金山软件离职。他表示，今后将专注于天使投资，天使投资尽管风险最大，但回报率却最高，而自己有做企业的经验，可以降低这方面的风险。16年的CEO经历，用8年时间推动一个企业上市，这是雷军认为自己做天使投资人最重要的资本。

对于陈年和雷军而言，2007年是一个重要的年份。"这一年雷军离开金山，我开始准备凡客的启动。雷军对金山感情很深，离开了打拼了多年的事业，给他带来的痛苦不言而喻，许多原因外界的评论也不见得真实。这种痛苦让雷军得以绝地重生、重新出发，但此后出发得这么漂亮，是旁人没有想到的。"陈年多年后回忆说。

2007年的雷军始终认为自己处在一个对的时间里，他要寻找下一个对的机会。这个时间，毫无疑问是一个前所未有的好时机，雷军始终认为，中国互联网还没有到达它应该有的高峰，这个行业还会创造更多、更大的奇迹。同时，雷军坚定地相信，中国互联网有三个领域会继续产生伟大的公司，移动互联、网络游戏，还有他最熟悉的电子商务。

此时爆红的批批吉服装网络直销公司（PPG Direct Merchant (SH) Ltd，简称PPG）引起了雷军的注意。他尝试着到PPG网站上买了几件衬衣。后来他在他的博客上这样描述他的那次购物经历："10天后才到货，后来PPG打电话问钱给谁了，这个问题很离谱，因为订单是货到付款，钱当然给了送货上门的配送员，但这笔钱下落不明了。"

作为一个已经有不少成功经验的投资人，雷军首先看好PPG的模式，可是这次说不上太愉快的经历却给了雷军信心，PPG虽然已然爆红，融了很多钱，但明显在电子商务运作的多个环节上存在不足。"我们应该有很大的机会超越PPG"，雷军心想。

> 雷军在那段时间，逢人就推荐《归去来》，没有收到回应的时候，他感叹，世界上只有我一个人是陈年的知己吗？

在一个最熟悉的电子商务领域出现了一次诱人的机会，在身边有一个最熟悉的曾经的创业伙伴——陈年。他完全符合了雷军的投资标准：不熟不投，熟成这样，怎能不投？

于是，雷军给陈年打了个电话，"你关注一下一个叫PPG的网站……"

陈年与雷军很快就达成共识，放弃我有网，重新创业，而方向就是——一个像PPG那样的互联网服装品牌。他们几个朋友，先凑了500万元，之后雷军开始了一段马不停蹄找钱的时光。后来他说这是一个极为离谱的过程，因为在他的忽悠之下，公司还没成立，联创策源投资公司和美国国际数据集团就表示愿意各自先投100万美元。

2007年10月18日，凡客诚品正式开业试运营，陈年任CEO，雷军是投资人之一。不过，与一般投资人不同的是，雷军并非投钱之后甩手不管，也未走向万事过问的另一个极端。他是以创业的心态参与投资，经常与创业者探讨业务。凡客起步时，雷军几乎全程参与。

陈年后来回忆说，那时候他和雷军常常深更半夜跑到公司里，"一个人看一台电脑，等不到一秒钟就想刷一遍，因为那个数字会变"。

凡客起步时并不是很顺利。从2007年年底到2008年年初，对于中国人而言只有两个字：寒冷。那一年天气特别寒冷，尤其是中国南方，遭遇了百年难遇的冰雪灾害，很多从来没下过雪的地区都飘起了鹅毛大雪。浙江、江苏、安徽等19个省级行政区出现的大范围低温、雨雪、冰冻灾害造成的直接经济损失高达537.9亿元。全国大部分地区的交通中断，铁路公路停运，机场关闭，居民的供水和供电受到影响。

这次灾害对于刚刚从卖书转行到卖衣服，刚刚在2007年年底"中国网上零售业年会"上发表演讲，称凡客诚品四个月走过了卓越网四年历程的陈年来说，是当头一棒。他第一次感受到了什么叫做"靠天吃饭"，原来天气对于服装的销售会有如此直接的影响。

当时凡客诚品可销售的产品只有衬衫、裤子和两款单薄的棉背心。衬衫虽然是长销品，可是寒冷的冬天让人对这种单薄的衣服天然就缺乏购买的欲望。凡客诚品的销售陷入了增长乏力的景况。但雷军和陈年互相鼓励，坚信很快就能做到一千单。

2008年年初，凡客诚品线下推广受阻，那时候凡客诚品甚至还试过在天桥底下找人发小传单这种原始的推广方式，当然效果是可想而知的。陈年决定将把互联网广告当成最重要的推广手段来做。一开始所有人都不愿意，因为一个广告位能卖几十万元，凭什么要变成按点击付费？为了说服搜狐，凡客诚品壮着胆子拍着胸脯保证说，"以后一年我们能给你们投200万元、300万元的广告！"就这样，2008年2月27日，搜狐首页挂出了凡客诚品第一个门户横幅广告条。

那一天的事，陈年记忆犹新。那天他在参加董事会，董事会结束的时候是下午四五点钟，收到同事发来的短信："今天很奇怪，一个搜狐的横幅广告，就带来了1 000多张订单。要是互联网广告都有这么好的效果，那我在各个网站都挂上广告，一天订单不就能过万张？"听到这个消息，陈年和雷军极度兴奋。

第二天，大家就开始分头去磕门户网站，而且口气都很大，"刚刚和搜狐签了500万元的单，钱都付了，你们做不做？"

就这样，四大网站全部拿下。以分成模式按点击付费，大规模在门户网站上进行推广的，凡客诚品是第一家。而凡客诚品也是这个模式最大的受益者，凡客诚品的广告几乎是在一夜之间遍布了互联网。那时候是2008年三四月份，初春时节，正是换季的时候，遍地开花的广告让凡客诚品的销量一下子就猛涨了起来。从零到1 000单用了85天，到2008年3月有3 000单，到4月份有5 000单，成长速度一下子就快起来了。

自此，凡客诚品的发展速度如火箭一般。2010年，凡客体"爱网络，爱自由；爱晚起，爱夜间大排档；爱赛车，也爱29块的T-Shirt；我不是什么旗手，不是谁的代言，我是韩寒，我只代表我自己。我和你一样，我是凡客。"在互联网上爆红，凡客成为炙手可热的服装品牌和公众的焦点。而这段内心独白式的广告文案据说是陈年亲自改定的。

从2008年到2011年，凡客销售收入从1.2亿元增长至32亿元，2010年的增长率达400%，2011年的增长率接近300%，令所有人侧目。

2011年3月，陈年在接受《时代周报》记者专访时说："我希望将来能把路易威登收购了。"震惊整个行业。2011年年底，凡客上市近在咫尺。

然而，这种增长速度事后看来是一种虚胖，为凡客即将到来的大危机埋下了伏笔。

在凡客急速发展的同时，雷军基于对移动互联网领域的长期观察，认为手机将会取代电脑成为大众最经常使用的计算中心，未来将是移动互联网的天下，开发移动互联网手机无疑是具有战略前瞻性的商业机会。于是，他开始做移动终端设备，也就是手机。

2011年8月雷军发布小米手机的时候，陈年已经是电商界名副其实的大佬，凡客也成为深受年轻人追捧的平价快时尚服装品牌，并先后获得了6轮投资。他被雷军邀请为小米站台，并为小米送上祝福："我祝小米手机上线以后，像凡客的T恤一样卖得好，凡客T恤最好的时候是一天20多万件，所以我希望小米手机一年能卖6000万部。"他也成为小米的第一批使用者。

然而，也是在这一年，陈年和凡客迎来了拐点。

陈年希望2013年到来的时候，凡客诚品的销售额能够达到100亿元。陶醉于其中的凡客，开始大幅度扩充人员，不断扩大品类来进行市场份额的扩张。2011年1月，凡客的员工有5000人，到7月，已达10000人。"2011年，凡客最热闹时，公司里有1.3万多人，光总裁级的领导就有三四十位。"那时，凡客不但卖衣服，还卖烟灰缸、拖鞋、拖把。

2011年年末，凡客的库存高达14.45亿元，总亏损近6亿元。生产线、资金链紧绷、巨额库存积压等一系列问题接踵而至。

2012年一整年，陈年都在清库存，大力削减产品线和员工数量，并发动了多轮降价清仓活动。那时候，消费者花9元就能买到一件T恤,花5元就能买到一条围巾,三五十元就能买到一件小外套。消费者买得不亦乐乎,陈年则苦不堪言。

陈年后来反思说:"那时,我自己也陶醉在这种热闹中,把所有精力都放在怎么管理这一万多人,却不知道公司真正要管理的应该是价值。"

大家都知道凡客要变,但凡客究竟能否变得了,董事会希望看到陈年的决心。

2013年8月,陈年将公司从位于北京市中心的十层办公楼,搬到相对偏远的亦庄。那时候凡客的旧办公室租金交到了2014年7月,为此损失了几千万元。之后,陈年和凡客被大幅裁员、资金危机、公关危机等负面新闻缠身。"搬到这儿以后我才知道这个决定是多吓人,负面全来了。"陈年后来说。

但是陈年说,"这是一个态度。这个改变是股东们能看见的凡客改变的第一步。"

凡客要转变,但是往哪个方向转?怎么转?陈年很迷茫。这个时候,雷军扮演了指路人的角色。

2013年6月,陈年和雷军喝酒。酒至酣时,雷军直言不讳,说凡客这种盲目扩张是上个时代的做法,未来的企业会像小米一样,以用户需求为导向,用产品来塑造品牌。雷军的话对陈年刺激很大,他心想,"你做小米发达了,也不必来挤对我吧。"

为了赌气,两个月后,陈年让雷军来参观凡客,"我清空了半层楼,把凡客所有的样品挂出来。"然而,当他跟雷军在几百个衣架间走过时,他瞬间感到羞愧和狼狈,因为没有一件产品拿得出手。雷军毫不客气地说,这不像是一个品牌店,而是百货市场。

之后，雷军和陈年有过七八次长谈。雷军跟陈年很认真地谈了小米的产品思路、品牌思路，告诉他主要是回到关注产品本身。雷军问陈年，能不能先专注地只做好一件最基本的产品？陈年选择了白衬衫。

2014年，陈年专心做白衬衫，很少公开露面。从产品设计、上游供应链，到下游制造商等环节，陈年都是亲自抓。为此，他还亲自去日本请教日本衬衫设计泰斗吉国武，解决一些设计难题。

起初，陈年觉得做好一件白衬衫不是难事，毕竟凡客已经做过上千万件衬衫，但一旦开始聚焦，才发现这不像想象中那么容易。

做白衬衫的那段日子里，陈年多次想放弃，但雷军在精神上给了他决定性的支持。雷军在股东面前力挺陈年，并用实际行动支持他。2014年2月，雷军领投，为凡客注资1亿元。为此，有媒体说，"凡客没因为资金问题倒掉，陈年就庆幸有雷军这个好兄弟吧。如果没他护着，投资人早想抽陈年耳光了。"

陈年说，有一次，雷军给他打电话说，"我做梦都觉得你会做好的。""那个真是把我刺激了。就不知道该怎么表达这个心情。你听到这个话，你不难受吗？两个人去年都44岁了，通一个电话，好哥们儿这么给你说了一句话，这种情感表达一般只有小时候才会这么说。"陈年说这对于他是最重要的鼓励。

2014年9月，凡客小方领衬衫上市，售价129元。而这个价格是陈年和雷军认真讨论了3个月定下来的。

"营销品牌我很擅长，但我不想再刻意制造什么事件了，接下来是凡客积累口碑的过程。"做好一件衬衫之后，陈年又做起了T恤，只是这一次，他摒弃了此前19元、29元的低端路线，开始走中高端路线。

2015年4月1日，凡客衬衫上市几个月后，陈年带着一件T恤再次回归。在这个T恤新品发布会上，陈年一幅休闲装扮，娓娓讲述了一件好T恤是如何诞生的故事。他感慨，"如果你问我，为什么，非要对一件衬衫，一件T恤，如此大动干戈？我想说的是，做好一件衬衫、一件T恤，是凡客的本分，也是我在重新做人"。

而在现场，雷军不出意料地前来为陈年助阵。他调侃说，"我人生最倒霉的事情是投了凡客，以后只能穿凡客的产品。"事实上，2014年的整个夏天，陈年和雷军都是穿着凡客的T恤和牛仔裤度过的。

相识17年，他们做了同一件事——信任对方。雷军笃信："三到五年后，凡客会王者归来。"陈年则说："凡是雷军肯定的我都肯定，凡是雷军反对的我都反对。"

这个抱着要当记者的梦想来到北京,最后并且至今认定自己本质上还是个文人的男人,最终在心里承认了自己的企业家身份,并且开始有意识地承担起作为一个企业家所必须承担的社会责任。

和陈年的晚餐,从苍井空到生与死

文/沈威风

　　他把几件还挂着标签的卫衣塞进环保袋里,然后从书架上拿了两本书。我看到了一本《干校六记》,忍不住问,怎么在看这本书?
　　于是他停下来,把另外一本书从双肩包里掏出来递给我,"买了好几年了,差点都忘了还有这本书。有一天在洗手间里偶然翻到,就停不下来。很好看,非常有意思。于是想再看一遍《干校六记》。"
　　素净的封面上印着《水流云在》四个字,我知道这是一本英若诚的自传。因为我没有看过,所以我有些茫然,不知道这本书和《干校六记》有什么关系。
　　这显然是他最喜欢的话题。直到我们坐下来吃饭,他一直在和我说英若诚的故事,也就是这本书的故事,并且几次不厌其烦地翻开书，找出他认为最有趣的段落给我看。"我一开始没打算看它，因为我不想再看到有关那个时期的历史，1968年，运动，迫害，整个国家的荒唐和愚昧，对我来说很没有意思。可是这本书里写到英若诚完全没有准备，就被抓起来关在监狱里，身上只有2毛7分钱。为了打发时间，他学会了很多手艺，包括制作假鸦片，做人流和劁公鸡。为了学会这些手艺，他甚至还写下了厚厚的笔记，详细记录了过程。"说到这里，他哈哈笑起来，"很好玩是不是？他用机智和幽默的态度回忆了那个年代的牢狱生活"。

在车的后座上我发现了这本书的封面，看来爱读书的人都有同样的爱好，把要看的书的封套和腰封扯下来。就着车窗外斑斓的路灯，我看清了作者，同时他还很尽心地翻到版权页告诉我这本书出版的时间，然后我表示我一定会去买来看一看。

"你可以看看。"这时候，他的语气已经平淡下来。

这倒让我想起他曾经调侃他的两个合作伙伴和投资人。"雷军比较老实，我推荐什么书他就看什么书。朱立南就很狡猾，每次我说到什么书，他就回家偷偷找来看，看完以后再找个机会，仿佛不经意地谈论起其中的内容，假装自己早就看过了。"

这个陈年，是我所熟知的陈年，具有文人气息，而且有趣。

但是，从他办公室走到餐馆的过程，还可以从另外一个角度来描述。他把还带着标签的卫衣塞进环保袋，同时向我解释说，这几件是今年的新款，正好可以带去香山穿。他们要在香山开一个内部规划会议，封闭式的，他和总裁办的人要全程待在山上，大概一个星期的时间，不准下山。

然后他把书塞进双肩包，走到门口，外面的办公室已经人去楼空。他皱着眉头,"我的助理哪里去了?"他问得很自然,仿佛忘记了他身边只有我一个人,而我是来采访他的,根本不知道他助理的去向。

好吧,因为他上一个采访延长了差不多一个小时——他一贯如此,谈兴一起来就会忘记时间,几乎所有的采访都会比预计的时间要长——我当时在他办公室外面百无聊赖地和他的员工聊天。于是我解释了他的助理去了哪里,地上的东西明天会以什么方式运到香山去,他听完了,满意地哼了一声。然后一路很仔细地关灯锁门。他说,我们去吃杭州菜,会比较符合你的口味。这让我很惊讶,我本没指望他还记得我是哪里人。

这个陈年,是我不熟知的那个陈年,细致到几乎琐碎的地步。

不惧怕争议

在等菜上来的时候,我决定要问他一个有点"尴尬"的问题。

说起来,采访企业家有时候是一个比较令人厌倦的事情,尤其是如果这个人你已经采访过很多次,而你的同行在每年的每一个月里,几乎都会采访他一次。关于他的故事,关于他的企业的故事,一遍一遍地在媒体上重复。像陈年这种已经和记者打过十几年交道的老江湖来说,我已经很难想象还有什么问题能对他产生挑战,尽管他的员工告诉我说,越有挑战性的问题越能激起他的兴趣——他不会容忍自己被任何问题难倒。

能让他感觉不爽的问题当然很多,在2011年年底到2012年年初，任何一个关于凡客诚品业绩的"数字问题"，都能刺激到这家公司以及他们的CEO的神经。作为一个负责任的商业记者，我也热衷地问过，答案是，他不打算回答此类问题，至少现在不会，在公司成功IPO之前不会。

可是我又希望我们的谈话有个不同寻常的开端，于是我问，"你看过苍井空的电影吗？"

这个话题当然不是我异想天开顺手拈来的。2011年12月，就在媒体对凡客诚品的资金链和未来进行大规模的质疑的时候，陈年曾经和媒体记者有过一次小规模的饭局。在那次有点故作轻松的饭局上，陈年半开玩笑地问，请谁做凡客诚品下一个代言人比较好？大小明星们被提了出来，大家各执己见地推销自己喜欢的明星，直到有人突然说了一个异想天开的名字：苍井空。

我记得当时陈年的反应很热烈，连声说好，然后说，我们可以请她来参加今年的年会。再然后，2012年1月15日，那个被最后命名为"凡客盛典"的年会上，苍井空竟然真的出现了。就在凡客诚品的四个代言人之后登场，苍井空和凡客诚品的股东们挨个拥抱。第二天，陈年和苍井空拥抱的照片，登上了一些报纸的头版头条。而这个年会，在我看来似乎一扫之前笼罩在公司头上的阴云，让凡客诚品再度成为议论的焦点，而主题不再围绕那个令人焦虑的问题——"凡客还能撑多久？"。

这个戏剧性的发展让我有些目瞪口呆，以至于我几次确认，请苍井空的念头真的是我们那天饭局上一句玩笑而来的吗？就这个把月的时间，你们就把这事儿办成了？决策这么轻易？执行这么果断？

负责这次年会的高级副总裁（Senior Vice Presiden，简称SVP）肖斌一次次地回答，"是的，我们火速办这件事。是的，年会的规模一再扩大，最终的决策是12月30号定的。是的，我们承受着无比巨大的压力，乃至于年会举办前的一个星期，陈年还在问我，你确定吗？只要还有一丝怀疑，我们可以取消这项计划"。这个计划，当然主要是指苍井空，这个在中国有很大的观众群却也存在很大争议的日本女演员。

"我当然看过。"陈年很坦然地回答，然后顺便拉人下水，"年会结束以后，我们有的股东还问我要她的电影看呢。"

于是话题又回到那场让他得意的年会上。陈年一直在夸人，股东、员工，还有代言人的表现，尽管他们每个人都只是站到台上说了几句话而已。然而，现在回头想，当韩寒、王珞丹、黄晓明和李宇春这几个人都站在同一个舞台上的时候，尽管台下粉丝们的尖叫声山呼海啸，然而你不会忽视的一个事实是，凡客诚品所挑选的这几位代言人，他们都是极具争议性的人物。

韩寒，当这个名字在2009年凡客诚品第一次开始思考要开始启用代言人的时候，在一众影视明星中被人无意间提起，终于使得陈年眼前一亮。在一大堆他所不熟悉的明星中，他终于找到了他想要的那个"感觉"——一个没有念过大学的作家，一个赛车手，一个在网络上时常参与公共事件的年轻人，他身上所带的那种气质和所传递的信息，正是陈年想要的。从另外一个角度说，韩寒在他自身职业之外的商业价值，也正是通过凡客诚品的代言，而最终被定价。

为韩寒的广告所打造的凡客体，在2010年成为中国互联网最

> "有没有这件事,我都不会过一种安分守己循规蹈矩的人生。"

大的营销事件。或许这一事件对于广告界的影响更为深远。时至今日,仍然有一些广告公司在面对客户的时候,听到这样的需求"我们想要凡客体那样的广告词"。那条爱什么不爱什么的广告词,由远山广告的邱新宇信手写成,陈年最终改定,最终这段文字出现在韩寒穿着一件素色圆领T恤衫的头像旁边,"我是凡客"四个字的宣言非常醒目。后来陈年一再说,这其实是一段不靠谱的广告语。这样碎碎念的文案和广告策划,在凡客诚品之前,可能没有一个广告公司能做出这样的策划。然而随着凡客诚品铺天盖地的广告攻势,这段文字迅速点燃起了网民的山寨热情。黄晓明是第一个中招的明星,他的身高,他异乎寻常英俊的外表,他在公开场合偶尔卖弄英文,被写成文字,制作成图片在网上传播。

最后,当凡客体作为文化和营销事件逐渐平静下去的时候,黄晓明出人意料地成了凡客诚品的代言人。在新一版的广告中,奥地利诗人里尔克著名的诗句"哪有胜利可言,挺住意味着一切"被大张旗鼓地宣读出来,我相信这又是陈年的手笔和趣味。

当然,还有李宇春。这个中国最成功的选秀偶像,在她2005年通过湖南卫视超级女声这个节目一举成名的那一刻起,伴随着她的每一个脚步的,一半是欢呼,一半是谩骂。在中国,你找不出第二个人像她一样,有那么多人爱的同时,又有那么多人恨,她是一个特殊的存在。

似乎,只有王珞丹这个代言人,不是陈年自己定的。据说,在定下了韩寒之后,凡客负责品牌营销的副总杨芳认为仍然需要一个女代言人作为搭配,她提出了王珞丹,而陈年完全没有听说过这个因为演《奋斗》而走红的年轻女明星。在听完杨芳的介绍后,陈年说,"你定吧。"后来我曾经质疑过王珞丹的代言,因为其他三个代言人话题性非常丰满,而王珞丹的代言,则显得相对有些太常现。"就是一个很普通的明星代言,不好玩,不是凡客的风格。"我对陈年说。

陈年却站出来维护王珞丹,他说,"这就是我要的节奏感,每次都那么劲爆,就没有节奏了。"

好吧,我当时勉强接受了他的说法。后来,当我看到这四个代言人一起站在凡客诚品的年会舞台上的时候,我突然明白为什么陈年会选择这四个人为自己的公司代言。事实上,他们这四个人身上,都带着某种"陈年的特质"。韩寒的个人奋斗和不走社会主流生活,王珞丹的小清新和小文艺,黄晓明那偶尔闪现的自嘲精神和李宇春那根植于互联网时代的特殊的成功道路,这一切,都和陈年这个43岁男人的人生,有着某种程度的契合。

至于争议?这或许正是陈年所想要的,也是他所暗自追求的。有互联网公司在感叹苍井空的威力之后感叹说,"我们也做不到这件事,只有凡客能做。"

是的,只有凡客不怕争议,甚至希望争议能够来得更猛烈一些。这是陈年这位深谙营销之道的文化型商人这些年最得心应手的手段。

不过安分守己的生活

陈年很懂点菜，他很明白在一个杭州菜的餐馆应该吃些什么。我一直以为他是个生活简朴，除了看书和打乒乓球没什么其他爱好的人。他的员工也告诉我说，陈年是一个不喜欢应酬的人。每天下午才到公司，因为他保持着一个文化人所特有的作息时间，很晚才睡觉，所以很晚才起床。为了保证必需的工作时间，他就得在公司工作到八九点钟才能下班。

他不太喜欢和客户吃饭，和一些下属认为"重要的人物"吃饭。当然，如果下属一定要他去，他也会去，在饭桌上一样能谈笑风生。在必要的时候，用喝酒来开路的事他也不是没做过。在凡客诚品刚刚成立的2007年，没有任何背景，在服装业没有任何积淀，还有批批吉服装网络直销公司拖欠厂商债款这样的先例在前，陈年去江苏找供应商下单做衬衫，带着现金去那些大厂商都不愿意接单。最后，陈年在酒桌上把对方搞定，"那一回，陈总的酒量都成仙了，我都不记得他到底喝了多少，反正把对方的厂长一堆人都喝翻了。"和他一起去江苏的员工这样说。

"不过，我其实是不喜欢喝酒的。"陈年端起入手微温的十年绍兴花雕，一面对我说，"除非有必要，我不会想喝酒。"

我说，凡客诚品有酒文化，我在你们公司吃过几次饭，每次都喝得热火朝天。

陈年说，"哦，那是要给他们一个放松发泄的方式，平时这帮小孩的压力太大了。"

这我信，其实包括陈年自己在内，和员工吃饭喝酒都是一个放松发泄的方式。在饭桌上，他们不太谈工作，反而陈年还带着他们大讲八卦，某个男副总在开会的时候眼神总在某个漂亮的女高管身上流连，甚至某两位男高管上班下班在一起的时间远超正常范围，这类的八卦由陈年带头，下属们起哄，把一顿饭吃得所有人哈哈大笑。好像没有人记得，在半个小时前的会议上，陈年还曾经揪着某个问题不放，让做汇报的副总站在台上几十分钟下不来台，汗流浃背。

陈年说他爱吃好吃的（这几乎是网上对所谓吃货的判断标准——把食物说成好吃的），但是他不吃猪蹄和猪尾巴，因为他小时候养过猪。他一般也不吃羊肉，因为他是吃羊奶长大的。

这个细节，让我一下子想起他在2006年写的那本《归去来》，他一再说这是一本小说，尤其是当有人问他，小说里面带着他青春期回忆的那个乡村女子银环是不是真的存在的时候，他很认真地回答说，"这是小说！"可是同时，在这样随口说出的养猪和吃羊奶的细节，又几乎遍布《归去来》全书，这让我不能不把它当做一本自传来看。

终于，陈年不再强调这是一本虚构的小说了，他说"这是家族史，纪念我身边的那些亲人。"

那是一本很自我的书，陈年用几十万字的笔墨，碎片式地回忆和重组了他的生活。他毫不掩饰地讲述自己那并不体面的身世，没有婚姻关系的亲生父母，刚出生28天就被送去了山西农村的奶奶家生活，一直到19岁考上大学之后才第一次见到生母，喝羊奶长大……多年以后，陈年读《李先念传》，书中提到李先念临终之前，83岁的他口中念念不忘的是"妈妈"。陈年说，他自己如果到了弥留之际，一定会呼唤"奶奶"。母亲，对几乎所有的人来说，意味着最温暖的怀抱，最安全的港湾，生命的第一口乳汁，人生的第一个词汇，蹒跚学步时候一步之遥的那双手……但对于陈年来说，在他人生最初的那个阶段，母亲的角色是缺失的。在他的童年、少年时期，这个原本必不可少的人，从来都没有出现过，直到他19岁，考上了大学，才终于在北京第一次见到了自己的母亲。

陈年人生中的每一个细节，几乎都能在《归去来》这本书中寻找到来自于他本人的更细致入微的描写。青春期时候影响他整个世界观和价值观的那些书籍，他在高中时期心血来潮的离家出走，回到山西老家的初中当英语老师，还有那场让这个短暂的教师生涯戛然而止的师生恋（他与当时几乎与他同龄的女学生之间的恋爱）。当然，还有他退学的经历。

正是因为被大学退学，仅有一张肄业证书的陈年到了北京，打进了北京的文化圈，并最终成了一个成功的企业家。我曾经想，如果没有这件事，陈年会不会和他那些大学同学一样，规规矩矩地毕业，然后留在大连，过着平淡而富足的生活。也许会在某一年的春节，接待一位从北京回来的老同学，听他讲讲外面的故事？

那天晚上，陈年第一次和我提到了他退学的那一天，"我坐在教室里，还在期末考试呢，突然就听到外面大喇叭广播，某某某同学，处以下处理……第一反应是惊讶，随之而来的是一种很奇怪的骄傲和自豪的感觉。那时候年轻，觉得被学校开除，就能证明我自己是个英雄了似的。而我的同学们，有那么一些人，听到了消息就义愤填膺地表示，要和我一起走，这个文凭他们也不要了。于是那年的春节假期，我就沉浸在一种虚幻的英雄主义的情绪里，和那些号称要追随我的同学们不断地吃饭，互相鼓励。然后，假期过完了，他们都回去上课了，只剩下我一个人。那时候，我就觉得特别悲凉，觉得自己第一次见识到真正的人性。"

"这件事是你人生的一个转折点吗？"我问他。

陈年想了一分钟，郑重地回答说，"不是。有没有这件事，我都不会过一种安分守己、循规蹈矩的人生。我一定会来北京……"

"一定会过上你说的那种游走在社会边缘的生活？"

"对，"他说，"那个年纪的我，一定会做出同样的选择。"

"柳传志比余华重要"

不管怎么说，当陈年拿着一张不值钱的大连某大学的肄业证书，在1994年漂到北京的时候，他并不知道自己的命运会在这个城市有一个巨大的转折。他先是做了一个建材信息收集员，月薪300元，不但挣得少，还因为没钱租得起好一点的房子，他每天上下班都要"玩命"地骑三个小时自行车，这样的日子过了近六个月，陈年调侃说这半年的车程差不多能从北京到乌鲁木齐；后来在朋友的介绍下到一家广告公司上班，工资涨到了1000元。最后，当他终于以"惊鸿一瞥"的笔名成功地打入北京媒体界，当他成为一个专栏作家的时候，时间已经过去了差不多3年。

再之后，他为席殊书屋的《好书》杂志担任主编，之后是《中国读书商报》的书评周刊。到1999年当他腻味了媒体这个行当，准备回家写书的时候，雷军找到了他，邀他加盟刚刚成立的卓越网，一家立志要成为中国亚马逊的电子商务网站。

陈年并不知道，自己之前在文化圈的折腾，几乎都是在为这一天在做准备。他不懂互联网，不懂电子商务，只想帮朋友一个忙，这个网站据说是卖书的，那更好，对这个问题他自认为很有研究，而雷军看中他，更是因为陈年在文化圈的人脉非常广。

陈年一脚踏入商界，一开始却没有作为一个企业家的自觉。他在这家联想投资的网站的表现相当与众不同，他那上午不起床的作息习惯，从那个时候开始就没改变过。更可怕的是，"联想的人想要改造我，他们认为我的思想不对。于是有一天，有个人跑来问我，你觉得余华重要还是柳传志重要？我回答说，当然是余华重要。那个人就很郁闷，回去汇报说，陈年说余华比柳传志重要。于是他们又开始讨论，怎么样才能让陈年改变思想，承认柳传志比余华重要？"

这是早些年陈年跟我说的一个故事。那天，因为我们又谈到正处在风口浪尖上的韩寒，我突然想起这个故事，于是我又旧事重提，"你仍然认为余华比柳传志重要吗？"我想，他或许会仍旧坚持认为余华重要，那么我就可以顺便问问，是不是韩寒比陈年更重要？是不是博尔赫斯比乔布斯更重要？

结果，陈年毫不犹豫地回答说，"我当然不这么想了，柳传志比余华重要多了。"

我被弄傻了，"你怎么能这样，随便改答案。"

陈年说，因为写作太自我，文字本来就是自我表达的东西。他曾经坚定地认为，文字具有巨大的力量，能够改变人的思想，而只

"做事情千万不能想我要做一件伟大的事,能踏踏实实地把一件事儿做成了,就很不容易了。每天想着做一件很伟大的事,会把自己整得不知道自己是谁。"

有改变人的思想,才能对整个社会产生影响。但是后来,他再也不这么认为了,因为他发现,文字只能影响一小部分人的思想,尽管这部分人在整个社会阶层的构成中非常重要,但它的影响力其实很有限。伟大的企业和企业家不一样,他们能够影响庞大的人群,影响人的生活,改变他们的生活方式和交往方式,这才是最重要的。

这让我想到凡客诚品的使命和价值观,在经历过几次调整之后,被陈年总结成四个字——"人民时尚。"当时在凡客诚品内部有巨大的争论,很多人都觉得,"人民"这两个字太重了,太有政治意味了,不适合凡客诚品这样一家做服装的电子商务公司。但是陈年很坚持,他就是要用"人民"这两个字。

其实,陈年是一个很会讲故事的人,所以关于人民时尚,他讲过很多次故事来强化这个概念。他讲过替凡客做制造的工厂,流水线上的小孩穿的都是凡客的T恤,他们说都是他们自己花钱买的,"这是我们唯一买得起的自己生产的衣服。"他讲过凡客的当家产品T恤的定价,是因为楼下的保洁阿姨说,衣服只要在30块钱以下她就会去买……但是这些,并不是留在我印象中最深刻的故事。

让我记忆最深的一次，是陈年说他回到山西闻喜县，看到县城街上的小店在卖打底裤，质量很一般，但是价格却比凡客诚品还要贵。"于是我就想，总有一天我要让中国农村的人都能穿上性价比更高的衣服。"这不是一个简单的梦想，背后除了网络之外，对企业的物流、配送、产能以及销售都有严格的要求。

还有一次，是陈年在一次内部会议上演讲，他说，"未来我们会有2万多人，其中90%的人会来自遥远的乡村。我们要销售超过1亿件的产品，会有数万名在加工厂的工人，因为凡客诚品而受益，他们中90%以上，也来自遥远的乡村。我觉得改变他们的生活，是我们集体的光荣，我们理应感到一样的幸福。"

这个抱着要当记者的梦想来到北京，最后并且至今认定自己本质上还是个文人的男人，最终在心里承认了自己的企业家身份，并且开始有意识地承担起作为一个企业家所必须承担的社会责任。

不要总想做一件伟大的事

当我们的话题逐渐变得沉重和宏大起来的时候，"伟大"这个字眼也终于适时地出现了。事实上，我注意到此前一段时间，不论是媒体还是凡客诚品的投资人，似乎都开始有意无意地希望凡客诚品能够成为一家伟大的公司。至少，这是一个具备伟大可能性的公司，难道不是吗？而且，我不知道陈年对自己的人生有没有什么特别想追求的东西，财富肯定不是。记得有一次，一位特别热情的记者采访陈年的时候对他说，"我觉得您会是下一位首富。"

陈年愣了一下，回答说，"这事儿跟我没关系。我没想过首不首富的事儿。"

他的表情很真诚，我相信这是他很真实的反应。后来我想，如果财富不是他所追求的目标，那么，在自己的名字前面贴上伟大的标签，对一个男人来说，是不是会很有吸引力呢？

"做卓越的时候，没想过伟大，做凡客诚品，在一开始，也没想过，就是觉得这是个正确的方向，PPG尝试过，我们觉得没问题，就做了。"然后，陈年突然变得有点语重心长地说，"沈威风，我告诉你，做事情千万不能想我要做一件伟大的事，能踏踏实实地把一件事儿做成了，就很不容易了。每天想着做一件很伟大的事，会把自己整得不知道自己是谁。"

"可是，你难道就从来没想过要做点什么能改变世界、改变历史的事？"我仍然不甘心。

"当然有"，这次他不否认了，"这种责任心我从来都有，从我还在写字的时候就一直有。人的一生其实很虚幻的，你不知道什么时候生命突然就结束了，你不知道生命停止以后的世界会是什么样的。所以，你总会想，要用自己的方式在这个世界上留下自己的痕迹……"

说到这里的时候，我的表情大概已经有些愕然了。然后，陈年转过头来看了我一眼，"做凡客诚品四年多的时间里，我已经做过两次手术。"我惊讶地问，"你怎么了？"他摆摆手，"都是小毛病。一次肾结石，一次阑尾炎，不严重，但都是很痛很痛的病。在那种剧烈的疼痛里，我都会很清晰地感觉到生命的脆弱。那时候我就会想，只要能让我停止疼痛，我愿意做任何事情。"

"那时候你难道就想到了死亡？"

"没有，我离死亡最近的一次，很荒唐。"陈年说。然后他点起烟，甚至有点兴致勃勃地给我讲他的故事。2001年，他还在卓越网，有一次感冒，助理买错了药，吃下去之后浑身燥热。于是他站到阳台上，从楼下吹上来的风无比凉爽，于是他张开双臂，心里想着，如果让风就这样贯穿他的身体，该是何等快意。

最后是他当时的女朋友的电话救了他。她让他一直接电话，同时让另外一个朋友给他送了对症的药。他吃了4片感冒药，尽管是过量了，不过让他安眠了一整日之后，第二天就完全正常了。

这的确是一个有点荒唐的故事，我很自然地怀疑，在2001年互联网寒冬中，是不是形势不好、经营不善给他带来的压力过大而产生这种念头，陈年却矢口否认。他说，"那时候是我最幸福的日子，反正大势就那样了，谁也好不到哪里去。我还能做我喜欢的事，每天和志趣相投的文化人混在一起，每天都很快乐。想跳下去，纯粹就是因为吃错药，很热。"

"你要真的就那么跳了，也太不值当了。"

"是啊，"陈年说，"所以说，生命有时候很无厘头的。就在我睡醒的第二天，正好卓越网有个活动，邀请了莫言。他提前很久就去了，我就跑去和他聊天，结果一看他两只眼睛通红的。我问他怎么了，他说，我昨天晚上只睡了两分钟。莫言那段时间失眠，很严重，什么方法都试了，就是不管用，整夜在院子里走路，急了就拿头撞树，然后对自己说，莫言你不能死，你是中国最棒的作家，你写过最牛B的作品，你得活下去！最后，我用我头天晚上吃的感冒药把他的失眠搞定了，我吃了4片，他不敢，只吃了两片，终于睡着了。我后来想，生命和死亡之间就隔着一张纸，不知道什么时候就捅破了，也不知道什么时候又好了。我被我女朋友的电话救了，莫言被感冒药救了，我有时候想，海子躺在铁轨上的时候，要是身边走过去一个人，或者谁给他打个电话，也许他现在还在我们身边。"

活着是为了什么？陈年问我，我只能说，这个问题我从来都避免去想，因为会害怕。他就笑了，你说对了，我也会怕。"就像余华说的：'活着的意义，就是活着。'所以我们要去做事，做一些有意义的事，让这些事冲淡我们对死亡的恐惧。同时，为这个世界做一点我们可以做的事。"

我想到了郭鹤年。最近陈年常常提起这位年近八旬的老人，一个很重要的原因，当然是郭鹤年成了他的股东。郭鹤年旗下的嘉里集团在凡客诚品第F轮融资时，与中信产业基金和淡马锡主权基金一起，一共向凡客诚品投入了2.5亿美元的资金。这是陈年在2011年年底和2012年年初回应媒体质疑时候最有力的一条论据——资本对这家公司仍有信心。同时，陈年有机会和这位商业传奇人物有近距离的接触，之后陈年常常感慨于郭老的远见和谋略，并一再说，"我在他身上，看到了时间的力量。人家从25岁开始到88岁，63年过去，从一个卖面粉的到今天拥有金龙鱼、国贸、嘉里中心、嘉里大通物流。与他相比，我们这家刚成立四年的公司，现在这点鸡飞狗跳算什么……"

我问陈年，"那你有没有想过，到你80多岁的时候，时间会让你变成什么样子?"

　　他笑了,拍拍放在椅子上的双肩包,"我希望能像英若诚那样,有机智幽默的人生态度,就够了。"

> 时间能改变人的容貌,但史玉柱的这种改变更多源于失败。

史玉柱:不可复制的争议人物

文/吴比　郭亮

中国人仇视权贵同时又敬畏权贵的复杂心态,似乎是与生俱来的。人们常在权力遭到挑战的时候暗自高兴,或者直接参与起哄。那些年,几乎每个人都是违背规矩的高手,那些循规蹈矩的人往往被人嘲笑,并最终被社会抛弃。

20世纪90年代的那些商业明星就在这样的氛围中,一旦登上巅峰,就会迅速衰败,几成定律。

伴随着经济建设的热潮,通货膨胀不期而至,但跟今天相比,简直不值一提。

1994年5月,米尔顿·弗里德曼在回答《经济学消息报》记者的问题时说:"高通货膨胀是因为政府印刷的货币太多,就是这么回事。"这位诺贝尔经济学奖获得者不得不为当时的中国感到忧虑。

通货膨胀也是人们最无法躲避的一件事情。

经济一出问题，经济学家露面的机会就开始增多了。政府也需要听听来自专家学者的声音，而1993年和1994年，是这些声音集中爆发的两年，那些后来为人熟知的名字，诸如吴敬琏、厉以宁，也都积极建言献策。一批观点更尖锐的经济界后起之秀，像胡鞍钢、周小川、郭树清、乔刚、迟福林也纷纷上位，被称为中青年经济学者。

经济学家吵得热闹非凡，还有另一个年轻人也在热闹中登上了人生巅峰。

钟情于商业奇迹的"巨人"

无论公司成功也好，失败也好，史玉柱一直钟情于巨人这个名字，情之切切，可见一斑。史玉柱靠软件起家，后来卖保健品，现在做网游，还控股商业银行。他好像总在更替行业，但总能做出名堂。他兴衰成败的细节已经为人所知，但还有更多不为人知的东西，很值得思考。

曾经在巨人集团担任高管的汤敏在媒体面前回忆了第一次和史玉柱会面的情形。那是1992年，应聘者汤敏面前突然走过来一个人，这个高个儿男子留着很时髦的烫发，但却非常害羞，这场面试竟然让史玉柱脸红了，他和汤敏之间的对话更像是后者在面试前者。

10年以后，当他们再度会面的时候，史玉柱变成了光头，穿着及膝的大衣，还戴着墨镜，离开这个团队3年的汤敏竟然没有第一眼认出来，此人就是10年前那个腼腆的史玉柱。

时间能改变人的容貌，但史玉柱的这种改变更多源于失败。那时，他突然从全中国最著名的商业奇迹缔造者变得落魄不堪。他得意时的合作伙伴一时间倒戈相向，都在向媒体投诉巨人的种种丑闻。那场著名的失败比他那些辉煌的细节更容易让人记住，对他本人而言，那种痛苦永生难忘。

没人知道他是怎么走出那段阴影笼罩的时光的，或者，他压根儿就没走出来过。对于他这样一个天生记忆力很强的人而言，要忘记谈何容易。奇怪的是，对于自己年少的经历，他却没什么特殊印象。

史玉柱回忆，他的童年及青少年时代平淡无奇。《十万个为什么》给他的生活增添了不少趣味。那是尊重知识的年代，随着陈景润掀起的数学热潮，1980年参加高考的史玉柱如愿进入浙江大学数学系。

大学毕业的时候，他十分"对口"地分配去了安徽省统计局。史玉柱对数学的理解却不是简单的数据统计，他说："数学不是加减乘除，数学系主要是逻辑训练。"然而在当今社会，数学给人的概念除了加减乘除还有什么呢？

这种经历并没有埋没掉史玉柱，至少刚开始的时候，他在大学里接受的系统训练还是在机关单位的工作中派上了用场。当时统计局的工作正在由手工操作向电算化转型，史玉柱编了个程序，让繁琐的数据调用变得十分快捷。领导由此认为，这个年轻人不错。1986年他被单位保送到深圳大学软科学管理系攻读研究生。按照机关的惯例，回来之后就能提拔当处长。

> "正是因为中国社会大转型,制造了无数的机会,才让年轻人有可能在历史潮流中实现自我价值。"

24岁的史玉柱,生活已经步入正轨,就在这时成了家。

当时正是"四通现象"冲击人们观念的时候,史玉柱在深圳大学听了时任四通总经理万润南的讲座,心潮激荡。那时的人们还不像现在可以通过电脑键盘打字,而是必须用2万元一台的四通打字机打字。史玉柱注意到,如果有合适的程序,电脑完全可以取代打字机。

1989年,研究生毕业的史玉柱并没有按计划回到原来的单位,他告诉家人:"我要下海。"之后就办理了辞职手续。这是一个让周围人惊讶的选择。很多年后,他在参加《赢在中国》这档节目的时候对选手说,选择对我而言太奢侈。

在1989年,拥有研究生学历的人还相当少。国家统计局的数据显示,这一年全国毕业研究生不到4万人。此时年仅27岁的史玉柱如果继续留在统计局,未来的仕途可以用"不可限量"来形容。作出辞职的选择是如此之难,但这在当时的史玉柱看来,几乎是无法更改的。他最后跟家人表示,"如果下海失败,我就跳海。"

辞职后,史玉柱借了一台IBM电脑在家中开发出了文字处理软件M-6401,随后再次南下深圳。

有关史玉柱"第一桶金"的故事经过无数人的口耳相传,其精彩程度已经不亚于任何一部励志小说了。1989年下半年，史玉柱在《计算机世界》刊登广告之后，陆续有一些单位购买他的软件，随后他又将钱投入广告，然后是更多的订单……

赚了一些钱之后，求伯君开发的WPS软件突然问世，性能比史玉柱的M-6401更好。立足未稳的史玉柱感到了压力，与一名助手租了深圳大学两间学生公寓，闭门造车。

150天之后，M-6402问世，正当史玉柱长吁一口气回到在深圳的临时住所时，发现人去楼空，妻子决定离开他。反复协商无果后，两人离婚了。事后史玉柱回忆，当妻子离开他的时候，他喝醉并哭了，他对朋友们说："这是你们最后一次看到我的眼泪。"

史玉柱当然也会流泪，而他"再不流泪"的誓言一旦立下，也像缔造的商业奇迹一般，如约实现。

在胜利中点燃了导火索

3年以后，"奢侈"地选择了从商之路的史玉柱终于闻名全国了。

在一次关于"你最崇拜谁"的问卷调查中，年轻人们将自己的选票纷纷投给了缔造商业奇迹的人，第一名是比尔·盖茨，第二名就是史玉柱。他俨然已被当做盖茨式的中国商业英雄。

此时的史玉柱，获得3500万元的订单，春风得意。同时，他开始将M-640X系列称之为"汉卡"。春天刚到，基于珠海十分宽松的投资环境，史玉柱在珠海注册了"珠海巨人新技术公司"。

他从此命定"巨人"。

3个月的公司筹备期过后,史玉柱携100多名员工落户珠海,引发轰动。由于M-6402的升级版M-6403的销售大获成功,巨人的年度收入突破了1亿元。史玉柱趁热打铁,把业务触角伸向了电脑销售。

1992年,巨人的内部刊物几乎是奋力喊出:"巨人公司的目标,是要在两三年内全面赶超四通,成为中国最大的计算机公司;要在不远的将来成为中国最大的企业,最终成为世界巨型企业——东方的IBM。"

史玉柱的赌徒性格在这时显露无遗。他又一次无视所有人的建议,在销售方面独断专行:全国各地的电脑销售商只要订购10块"巨人"汉卡,就可以免费来珠海参加"巨人"的销售会。一时间200多位经销商从天南地北齐聚珠海,史玉柱以数十万元的代价,闹腾腾地编织起了一张当时中国电脑行业最大的连锁销售网络。

显然,他又赌赢了。然而这却成了他在后面更大赌局中惨败的祸根。

从这年开始,"巨人"已成了中国电脑行业的领头羊,史玉柱也被评为"中国十大改革风云人物""广东省十大优秀科技企业家"。很快,被捧上云端的史玉柱决定建造巨人大厦。经过几番"登高望远",大厦的设计从38层升到了54层,后来又定为70层。

没人知道,此时的史玉柱究竟是出于虚荣心还是专注于新的奇迹。他赌博式的决定,看上去令人炫目,实则令人欷歔。

1993年,巨人公司软件、手写电脑两项实现近4亿元的收入,这使其成为仅次于四通的中国第二大民营科技企业。1993年夏天,在珠海市召开的第二届科技进步特殊贡献奖大会,史玉柱获得特等奖,奖品是轿车、住宅外加63万元人民币。

很久以后他说过这样的话:"很多人给我贴过各种各样的标签,我想最贴切的应该是创业者。下海创业,可以说是因缘际会吧。最初的创业是在深圳做汉卡,那时的感觉特别好,从很低的起点一点点往上爬,是最快乐的时候。说到与其他企业家最大的不同,我的创业经历可能比很多企业家更富有戏剧性,成功和失败都轰轰烈烈。"

如他所言,所有过程,确实都轰轰烈烈,可能他成名太早,注定在前十个年头要经受从巅峰跌落到谷底的剧痛。

1993年,在楼花销售中大收大揽的史玉柱发现,做电脑实在太辛苦。迅猛成长中的国内市场有太多的暴利行业在诱惑着他。当时最为火爆的保健品行业,让他找到了新的方向。这是一个危险的开始,也是癫狂商业梦想终究覆灭的导火索。

步入巅峰

年轻的创业者史玉柱真的把自己看作了开疆大帅。毫无疑问,这个中国当代最具争议性的企业家之一,也是那代创业者中商业直觉最好的人,他能迅速地找到行业爆发的时间点,并以快捷、高效的方式获得成功。

"史玉柱现象"的研究者有次遇到了这样的问题。提问者说:"我每天看电视,看脑白金和黄金搭档的广告,心里总是在骂,怎么能有那么恶俗的广告,怎么可以把消费者当成低能儿来愚弄。然

> 可能他成名太早，注定在前十个年头要经受从巅峰跌落到谷底的剧痛。

而，有一天，我的一个朋友生病了，我到医院去看他，到了医院门口，我想买一个礼物送给这个朋友，我脑子里第一个反映出来的品牌是什么呢，就是黄金搭档。这是为什么？"

尽管我们不愿承认，但这正是史玉柱的商业秘诀。决定进军保健品的时候，他就有了一整套构思——核心是依靠营销。市场靠营销赢得，方式要简单，也要非常"中国"。中国人喜欢随大流，喜欢赶时髦。最重要的是，尽管配方大同小异，但市场上没有任何一种保健品能做到男女老少皆宜，史玉柱要做的就是这样一种万能的东西——体面而珍贵的礼品、恶俗广告在心理上的反复锤炼和面对实物时独一无二的印象化效果，这些都能催生销售奇迹。

史玉柱对消费心理的导引果真奏效，当时的营销业绩让每一个巨人的销售员都心潮澎湃。

接着，他亲自挂帅，成立了"总指挥部"，下设华东、华中、华南、华北、东北、西南、西北和海外八大"方面军"，其中30多家独立分公司改变为军、师，各级总经理都改为"方面军司令员"或"军长""团长"。

史玉柱想通过这样的军事化运作，从保健品市场杀出一条血路。

1994年5月，全国不少省级以上报纸纷纷打出了7个重磅黑体字——巨人健康大行动。其中有几个广告相当浮夸。试举一例，几位世界名人手挽手走来，撒切尔夫人、里根、卓别林、爱因斯坦手持《巨人报》。在这些图像的一角，有一排小字——脑黄金、巨能钙、吃饭香……

两个月后，这些广告引起了国家工商行政管理总局的注意，并表示：巨人健康大行动系列广告造成了不良的社会效果和政治影响。接着，巨人斥资2000万元做的广告瞬间蒸发。但这并未影响巨人集团的赫赫战功。

1994年10月，"让一亿人先聪明起来"的脑黄金上市，当年销售额近2亿元。顺理成章，巨人集团在1994年步入巅峰，影响力如日中天。一家媒体这样描写史玉柱的下海创业："1989年7月，在合肥骆岗机场，一个身材高挑瘦削的青年人，登上了飞往深圳的麦道80飞机，这个青年人叫史玉柱，当时只有27岁。在竞争激烈的高科技领域里，谁也没有想到这个既没资金又没靠山的'小字辈'竟大爆冷门，创办了巨人高科技集团公司。"

这段描述基本上可以代表当时社会对史玉柱和巨人集团的看法。在史玉柱之前，国内出现的科技型企业大多是依托高校和科研院所的力量建立的，比如联想集团和方正集团。高校和科研院所拥有强大的研发力量，他们开发出高科技产品，理所当然。

但史玉柱不同，他只是一个普通人，仅仅出于对技术的热爱而开发出一种新产品，并因此获得成功，创办了自己的公司，这简直就是"知识改变命运"的教科书式的案例。而他的创业史，也在一遍一遍地传播之中，被塑造成了"商业神话"。

到了1995年初夏，史玉柱下达总攻令。巨人集团以集束轰炸的方式，一次性推出电脑、保健品、药品三大系列30个新品的广告，减肥、健脑、强肾、醒目、开胃，几乎涵盖了所有的保健概念，摆出一副铺天盖地的架势。

史玉柱的这次行动，应该是改革开放以来最壮观的产品广告运动，直到现在，都鲜有超越者。在品牌光环的照耀和大量广告投放下，"脑黄金"迅速脱销，到年底，终于取代汉卡成为巨人集团的主打产品。

已完全陷入赌局的史玉柱，几近癫狂，他继续编织着更多的神话——一篇篇夸夸其谈的广告文案，一个个纯属杜撰的神奇故事，都出自对保健品一无所知的中文系学生之手。

从某种意义上说，巨人集团在当年的这些行销策略为今天电视上屡禁不止的电视购物广告树立了一个极坏的摹本。此后，巨人集团开足马力，连续向市场推出了10余款产品。令人信服的结果却是，每一款产品都大卖特卖。

1995年，《福布斯》第一次尝试推出中国富豪榜，史玉柱名列第八。与此同时，一场酝酿已久的灾难正在向他靠近。

死于奔涌年代

祸根既已埋下，倾覆终将到来。中国的商业天才们往往因为政府的帮助步入巅峰，却也会在巅峰过后因为小小的裂缝轰然倒塌。两年前开始规划的那座"巨人大厦"，也难逃这般命运，最终成了巨人的墓志铭。

俨然已成为符号人物的史玉柱，他的巨人公司也成为珠海的名片。各级领导视察珠海，巨人公司成为一个必经的接待点。在这种背景下，巨人大厦的设计一改再改，从18层、64层，直到改为70层，所需投资也从2亿元最终叠加到12亿元。与此对应，当时处于第一波房地产热潮中，没人料到大厦销售将倾覆于一旦。

珠海市政府以每平方米125元的低价批给巨人公司3万平方米土地，1994年年初，巨人大厦正式奠基。

到了1996年，工程面临资金困境，当时史玉柱考虑，先将保健品领域的资金抽调到工程，先完成20层，卖掉后再继续盖楼。然而，消费者对"脑黄金"已没有了当初赶时髦的新鲜劲。"脑黄金"开始卖不动了，而巨人大厦抽走的资金又让业务滑坡无法阻挡。

从1996年秋天开始，一些买了巨人大厦楼花的债权人开始依照当初的合同来向巨人集团要房子。可是他们看到的却是一片刚刚露出地表的基础，而且越来越多的迹象表明，巨人集团可能已经失去了继续建设大厦的能力。

1997年，大厦未能按时完工，"楼花"的买主从四面八方赶来，"巨人的财务危机"传遍了全中国。墙倒众人推，巨人集团在短时间内分崩离析，各地的不少经销商欠巨人的钱也没能追回来。

在这样的危急时刻，在部下们眼里总是激情澎湃的史玉柱把自己关在办公室里，闭门不出。他不再是举着酒杯为战士壮行的"元帅"，变回了那个木讷、内向、不善与人沟通的程序员。

1998年10月，珠海市政府在巨人大厦工地召开现场会，时任珠海市委书记、市长的梁广大与银行沟通，准备贷款给巨人公司。但是在两周之后，梁广大离任退休了。此时已进入亚洲金融危机，有意接手的投资者纷纷望而却步。

实际上，巨人大厦已经完成地下工程，只需1000万元资金就可动起来，按当时的建筑进度，5天可以盖起一层，只要一层一层往上盖，兵临城下的债权人自可安心不少，诸多突发矛盾也可以化解。然而那时史玉柱毫无办法。

财务危机被曝光3个月后，史玉柱终于向媒体提出了一个"巨人重组计划"。在这一过程中，庞大的"巨人军团"最终瓦解。史玉柱从公众的视野中逐渐消逝了。

史玉柱自己说，当年有3000多篇文章总结巨人的失败。毫无疑问，他失败了。

拥有商业理想者永不消逝

巨人大厦最终不了了之，如何偿还债务是史玉柱要面对的最大问题。

好在虽然遭遇重挫，仍有人对他不离不弃，尚有20多人的核心团队。在当时的情况下，赚钱有两种思路，第一是软件，但市场规模小、知识产权制度缺失让这条路看上去困难重重。既然如此，只能再做保健品。

1998年5月，一种叫做"脑白金"的保健品，在江苏上市。两个月后，脑白金铺满了江浙等地的卖场。接下来"今年过年不收礼，

> 时间总是嘲弄着人们的预判。

收礼还收脑白金"的广告在全国的大小媒体上铺天盖地而来。

无人关注,脑白金背后的人是谁。当年铸造"脑黄金"奇迹的史玉柱早已淡出了公众的视线。

直到2000年,经不少媒体记者的明察暗访,才探了出脑白金背后的真相。运作脑白金的公司,是上海健特生物科技有限公司,这家公司有一位决策顾问,正是史玉柱。

所有人都认为巨人公司和史玉柱没有可能再成功,或者,至少没有想到史玉柱能够重新聚敛起惊人的财富。

时间总是嘲弄着人们的预判。大多数人始终难以分辨清楚,一个人能够取得巨大成功,获取让人艳羡的名声、权力与金钱,究竟是因为他刚好出现在某个合适的时间、合适的地点,还是他身上的确有某种特质驱使他必然卓尔不群?

很显然,史玉柱这种人在战争时期可能会成为一呼百应的将军,在一个开放社会可能会成为善于鼓动人心的政治家,或者拥有大量追随者的宗教领袖,在一个崇尚商业的年代则会是善于捕捉商机的商人。

"中国的文化,成王败寇,因为我曾经失败,所以我就永远是寇。"史玉柱总是喜欢用文化来诠释自己目前的形象。他努力表现出对外界的评价毫不在意，因为这种评价似乎并没有妨碍到他的公司继续以疯狂的速度创造着利润，"大不了我不出门就是了，反正我也不怎么见人。"

他是刻意逃避，还是心灰意冷？没人知道，直到他卷土重来。

2001年年底，史玉柱自信地出现在了媒体面前——3亿元的债务已经全部还清。接受媒体采访时，他递上了自己的新名片：巨人投资有限公司董事长，原来，巨人投资就是上海健特的控股方。

过了几天，史玉柱当选"2001 CCTV中国经济年度人物"，但他并没有大张旗鼓地庆祝。

从这年开始，史玉柱开始使推广他的第二个保健品"黄金搭档"。他的招式一点都没变，反而变本加厉，这种万能的高档礼品，其意昭昭，尽人皆知。

接下来，是令人眼花缭乱的行业切换，史玉柱就像一个赌气的孩子，刚刚进入一个行业，必定会选择下一个容身之处。他开始害怕长期待在同一个行业里，于是不断借助新的想法为自己壮胆。

2003年，当媒体正在讨论"保健品的市场空间"时，史玉柱已经成为华夏银行和民生银行的大股东，手中握有市值几十亿元的银行股票。2003年，段永基执掌的四通电子以6亿港元现金加5.7亿港元可转股债券为代价，收购了"脑白金"和"黄金搭档"的品牌及分销网络。

2004年，史玉柱开始开发网络游戏。2007年底，巨人网络集团有限公司成功登陆美国纽约证券交易所，总市值达42亿美元。史玉柱的身价突破500亿元人民币。2012年，《财富》中国最具影响力的50位商界领袖排行榜上，史玉柱排名第二十二位。

史玉柱，从一个激情的创业者变成了深沉圆滑的商人，从年轻人最崇拜的人，变成一个充满争议的谜团。从他的故事中，我们读出的，是中国民营经济可以合法经营以来，一个具有中国特色的商业环境。

他说："任何人的故事都由所处的时代、历史做背景。我从一个出生在县城的学生，到有机会读名牌大学、去当时中国改革开放的窗口——深圳，到从开发软件开始做企业，到今天拥有一点成就和对办企业的认识，其中的沉沉浮浮、悲欢艰辛，都有深深的时代和历史烙印。无论如何，都应该感谢发轫于1978年的改革开放给了我们这代人巨大的机会。正是因为中国社会大转型，制造了无数的机会，才让年轻人有可能在历史潮流中实现自我价值。"

这番话竟然说出了历史的沧桑感。很显然，在经历过那么多成功和失败后，他已经老了，但相对于前面未知但注定漫长的路，他却依旧保有商业理想。这是史玉柱给予60年商业记忆最宝贵的东西。

"已经过去的事情,不要再去想了,因为你改变不了过去,你只能去创造未来。"

李东生:罕见的公司重生

文/吴比　郭亮

1989年,改革开放进入第十一个年头的时候,一些难以解决的问题似乎一夜之间冒了出来。尽管这些问题今天依然存在于这个国家,但生机勃勃的GDP增长率掩盖了大部分灰暗。而在这一年,人们显然还不适应突然冒出来的这么多不合理的现象——官商勾结、尔虞我诈和秩序失衡,旧的道德观念和新的民主理想结合之下,大多数人都寄希望于通过激烈而迅速的途径改善这些社会阴暗面。然而,这在任何一个时代都是不可能的。

中国的改革在潮水般的质疑声中继续向前,既得利益者们更多的是一些小角色。他们可不管那些抽象而深奥的辩论,抓紧时间赚钱才是最重要的,以前很少有这么痛快淋漓的机会公然从事商业活动。

而作为20世纪80年代象征的现代诗歌，也在各种花里胡哨的商业新闻裹挟之下走向末路。诗人海子的卧轨自杀被人们看作那个理想年代的尾声。而热衷于冷嘲热讽的各种疑似犬儒主义迹象在此时集中爆发于一个人的小说中，他就是王朔。这个满口京片子，但聪明异常的作家突然走红，与当时风行的物质主义合上了节拍。

昨天还在吟风弄月的诗人们，转眼就成了公司老板，有人在后来的评论中说，"这是文化只以追求物质为宗旨，是理想主义的丧失，是物质主义的疯狂"。

从理想主义进入商业实用主义，风雪激荡，却不可更改。

期待与现实背道而驰

对商业的冲动和幻想，如同一场游戏。在过去30年里，我们从中走出来又重新走进去，承受着幻想的悲与喜。我们希冀在这场游戏中被人垂青，免于受困，免于颠沛，免于万劫不复。

结果却并不尽如人意。矛盾而失意的种子如同巨大的变形体，扭转着我们的光荣与梦想。20世纪80年代进入尾声，先锋派对理想主义信念缱绻弥深，他们对校园的情绪饱含矛盾和弃绝。个性高昂、意气风发……这些大学本来最宝贵的品格已经从校园的角落中逐渐撤退，只剩下一具具俗不可耐的躯壳。故而，"上大学当国家干部"成了许多大学生除了理想之外唯一可以作出的选择——"捧得铁饭碗"。

李东生毕业的时候，曾抱着同样的期待，然而命运将他塑造成为后来众人熟知的那位明星企业家。吊诡之处,是他毕业之时阴差阳错地进了一家只有42个人的名为"TTK家庭电器"的公司(TCL的前身),做了一名车间技术员。

步入社会的李东生对这个结局似乎并没什么可抱怨的,反倒乐在其中。期待与现实之间的背道而驰在他看来是人生历练。他乐于在一个比他小两岁的车间女工的直接领导下有条不紊地忙碌着:"那段时间,我几乎每天晚上都回到公司,一边读书一边值班。我们当时是实行两班倒,一直开工到凌晨,我是上正班,但是有什么问题都是随叫随到,也没有什么计较。"

要探究这种心态并非难事。

24岁的李东生血气方刚。作为在中国高校中沉浸了4年的毕业生,他也曾热烈期盼将自己所学的知识运用到实践中,舒服悠闲的政府机关,并非他的舞台。无奈的是,任何时代都或多或少随着多数人的意愿前行,当时的中国社会不再需要激烈批判现实的青年人,也未拉开大学生深入基层的序幕,他们在理论和现实两个层面似乎都比技术工人具有优越性,这种看法直到现在仍然根深蒂固。

这样,李东生投身实践的期待反倒成了与铁饭碗信念背道而驰的现实。

后来,他这样总结自己当初的决定:"我并没有想过有朝一日我会成为中国一家大型电子企业集团的总裁,我给自己的第一个目标定位只是当好一名工程师。"但就是这个决定,改变了他的一生。

TTK的政府背景让李东生在逐步上升的过程中积累了丰富的人脉网络,这几乎是所有成功的中国商人的必经之路。有人说,中国没有纯粹的草根英雄，想来不无道理。

在李东生的这道"人生程序"中，出现了两个人，直接塑造了他此后若干年内的生长轨迹。一位是惠阳地区行署副专员、党组副书记林树森，另一位是香港长城电子的老板蒋志基。

早在李东生进入TTK之前，蒋志基就与TTK有所合作。李东生跨入社会的第一次飞跃，正是拜蒋志基所赐。当时，蒋和TTK负责人协商成立了"TCL通讯设备有限公司"。项目投产不久，已在一线磨炼多时的李东生被任命为TCL通讯设备有限公司总经理。

是年，李东生28岁，TCL也首次亮相。

当时的社会风气并不鼓励年轻人无所顾忌地闯关。沉默朴实被当作一种更值得信赖的品质，李东生看上去就是这样一块值得信赖的"好材料"。这也客观上解释了他从大学毕业到总经理，这一路升迁背后的许多原委。在那个还没有完全放开的市场环境中，这个职务还不像今天的职业经理人那样大权在握，但却着实给了他独当一面的机会。

然而当一个人被赋予的权力和责任超出了自己实际的操控能力，问题的出现也就不可避免。李东生回忆当年的情景时这样说道："当时我的工作压力非常大，晚上睡觉做梦都想着公司里的事情。我是非常希望做好这份工作的，但是很遗憾，尽管我已全力以赴，结果并不理想。我这个总经理才做了不到一年，就感觉难以干下去了。"

第一次带队去西安参加订货会，结果订出去的货所赚得的钱抵不上来往路费。订货会上有很多外商，缺乏经验的李东生小心翼翼，生怕来自资本主义世界的商人占了社会主义的便宜。带着这种情绪，他不自觉地对外商的每个正当要求都要思索再三，这种做派让TCL的港方股东蒋志基大为不满，他将李东生"告"到政府。政府当然"一切以大局为重"。

港商的"上告"直接导致李东生下课，恰逢林树森正在组建惠州工业发展总公司，李东生便被林树森调到工业发展总公司引进部任部长。从"李总"到"李部长"，"身份的倒退"让他的首任总经理生涯在一阵痛苦与不解中惨淡结束。他有苦说不出，好心办了坏事。

挫折对于年轻的商人，是再好不过的老师。在这段经历中可窥见，李东生在从商之初，仍然戴着一种异常传统的观念面具，对于商业的自由竞争似乎如履薄冰。

离开TCL之后的3年，李东生在新的位置上从头开始，也许是商业上的失败让他打破了畏手畏脚的牢笼——他先后成为10家合资企业的中方董事，通过和欧洲、日本的企业合作，学习了许多现代企业的制度化管理；通过拜访世界著名的企业，学会了在更宏大的视野中思考问题……

3年到头的时候，正好是1989年。北京在春夏之交的那场风波之后，西方诸国宣布对中国进行制裁，国内的经济陷于低迷。盛夏，"四大件"（电冰箱、彩电、洗衣机和收音机）的价格开始下降，另一方面，许多工厂正在破产边缘徘徊。商家的让利措施无法撬动冰冷的市场。

那是一个令人热血沸腾的年代，一切行为都与理想、美梦有关。

崭露头角

1776年，美国独立前夜，一本名为《常识》的小册子开始流传，这是独立的战斗檄文。128年后，美国《企业家》杂志选用其中的一段话作为发刊词，这段话也成了当时企业家的集体宣誓：

"我有权成为与众不同的人，我寻觅机会，但我不求安稳，我不希望在政府庇护下成为有保障的国民……我要做有意义的冒险，我要梦想，我要创造，我要失败，我也要成功。"

这段话的妙处，在于放之四海皆准。20世纪80年代中国商业拓荒者的精神诉求，也无外乎此。其时，市场的低迷却成了李东生重新登台的美好时光。是年，32岁的李东生已为惠州引进了10个合资项目。

全国电器行业并不景气，惠州决心振兴电子工业，遂以TCL为基础成立电子工业总公司，李东生以集团副总经理的身份重回TCL。那时TCL的主营业务是电话机，并且处于全国领先的位置，时任总经理叫张济时。

副总经理李东生只负责TCL的香港业务，并管理他从工业发展总公司那边带过来的通力公司，主营音响业务。看上去，此时的李东生可以算"衣锦还乡"了。三年前，港商蒋志基的"上告"让他黯然下台，三年后，意气风发的李东生一心"复仇"，孰料蒋志基在1986年就退出了TCL，转而制造大屏幕彩电。

李东生要证明自己，可失去了博弈的对手，他的"仇恨"在此后的经年累月中渐渐消散。等又一个3年过去，他已经完全忘掉自己的怨恨，反而在关注蒋志基的一举一动中得到了启发——大屏幕彩电业务。

1990年代，整个消费市场逐步成熟，国内彩电市场甚至供过于求，有100多个不同牌子的彩电。如此激烈的竞争让许多厂家重蹈失败覆辙，但蒋志基依然能赚得不菲利润，原因在于倒闭的都是生产普通彩电的商家，而蒋志基生产的都是大屏幕彩电。对那个时代有印象的人应该记得，17英寸的彩电在当时是主流，再大一些的彩电并不多见。这是一个难得的市场空白。李东生决意上马该项目。但他得先解决两个困难：一个是当时已经停止发放的生产许可证，二是建设生产线所需的大量资金。

恰逢其时，之前在电子工业部任职的李鸿忠到惠州任主管工业的副市长，就把李东生介绍给陕西彩虹集团。彩虹有一条停产的生产线。李东生看中它的生产许可证，想买却苦于资金不足。万般无奈下，他找到了曾经的"仇人"蒋志基，希望对方出资解燃眉之急，没想到当年"告"他的港商十分爽快地答应了。最终，李东生、蒋志基和彩虹集团三方合资成立惠州彩虹电子有限公司，各占1/3股份，并于1992年推出了TCL王牌大屏幕彩电。

次年，"TCL王牌"赚得500万元利润。又一年，TCL获得了独立的电视生产许可证，接着买下彩虹在合资公司中所持股份；紧接着又推出刘晓庆作为广告代言人，当年其大屏幕彩电销量跃居全国首位，利润高达7000万元；1996年，抓住长虹降价的市场机会，TCL王牌杀入彩电业三甲。在TCL内部，彩电也取代电话机，成为第一利润支柱。而在此时升任市长的李鸿忠支持下，李东生取代退休的张济时成为TCL集团董事长兼总裁。

从副总到总裁，李东生一共走了7年。

这7年中，无数次回环反复无法用言语表述。这年春节刚过，蒋志基因车祸突然去世。对于TCL来说，危机随着蒋的死亡如约而至。总裁李东生走还是留，成了一个问题。走的话，将得到可观的年薪；如果不走，蒋志基的离开势必引发企业震荡。

更大的危机

蒋志基彻底地离开了李东生的生活。对他而言，意味着生意上失去了一位可供参照的对象。对于TCL来说，却是更大的危机。蒋志基夫人是典型的贵太太，对于生意不感兴趣。丈夫死后，她决意出售长城电子股票，而长城电子是TCL最主要的生产基地。

如果置之不理，TCL将面临万劫不复的局面。李东生费尽口舌，蒋夫人不为所动，看来他能做的就是掏钱买下长城电子。经过几轮讨价还价，李东生终于和蒋夫人达成了收购协议，一切似乎又恢复了平静。

李东生始终在死去与复活中上演着悲喜剧，这件事也不例外。就在他悬着的心刚刚落下的时候，横空杀出一个叫吴少章的老板。

他是另外一家香港上市公司高路华的老板,以高出TCL15%的报价直接抢到了长城电子。

蒋夫人支付了一部分违约金之后,回报仍多于卖给李东生的价格,如此划算,焉有不为之理?李东生拿着之前签订的购买协议,欲哭无泪。

令人慨叹,多少年来,李东生成长路上始终有蒋志基的影子,甚至在他死后,TCL还是让他夫人将了一军。危机恶化,当时正值彩电价格大战,TCL却面临无货可供的困局。

吴少章是位精明的港商,他比蒋志基更难对付。在TCL面临危险的时候,此人痛下杀手,收购长城电子只是投石探路,以此逼迫TCL向自己求助,然后伺机控制这家如日中天的企业。李东生面临着多年来最严重的一次危机。

这是1996年春夏之交。这段时间,李东生仿佛回到10年前,那时他夜夜失眠。这次的情况似乎更糟糕。受此影响,李东生精神高度紧张,神情恍惚,早上会忘记自己吃过早餐,要再吃一次。TCL所有的高管都发现,李东生不再过问彩电之外的任何事情,全部的时间和精力都用来想办法度过危机。

然而,前面城门失火——生产基地的失守让TCL无货可供;后面追兵迅猛——其他商家正在大幅降价,抢占市场。很多人觉得,TCL无力回天。

惠州市政府当然着急,但所有改革进程中善于闯关的地区,其当政者对于市场上的竞争几乎都恪守一个原则——不到万不得已,政府绝对不会出手。

现实日益严峻,李东生孤军奋战。他在一场根本无望扭转的战局中苦苦支撑。但对他个人而言，一个绝佳的机会再次降临。新加坡一位跨国公司老板，深知李东生为人和此时境遇，他向深陷困境的李东生抛出橄榄枝——希望聘请李东生作为他中国公司的总裁，且年薪为惊人的200万元。1996年的中国，这对于国有企业的一把手绝对是个天文数字。李东生竟然没有一丝动心。

日后，功成名就的李东生回忆起这个插曲，他用了一个比喻："TCL是一艘大船，我就是船长。当大船在航行过程中撞上了冰山，要沉没的时候，船长一定是最后一个离开船的人。"

正当李东生一筹莫展的时候，香港传来一个消息，陆氏集团在蛇口的彩电基地一直闲置，他马上和陆氏总裁陆擎天取得联系。前后谈了三次，第一次对方要价1亿多元。如果付钱，TCL流动资金就极其困难。第二次谈判，李东生提议，陆氏能不能折股，将1亿元现金拿进来成立一个新公司。对方觉得可以考虑，回去后派人在商界打听李东生的能力和诚信。结果，第三次见面，双方一拍即合。

这成了扭转困局的关键选择，新公司成立之后，TCL起死回生，这一年，彩电销售几乎翻了一倍。"那一年是我们的一个历史性转折。"其实，对于他的个人职业发展，更是一个历史性的转折。因为同年，由于在彩电项目上的胜利，李东生在TCL树立了绝对的威信。

具有戏剧色彩的是，几年后，吴少章掌控的长城电子更名长城数码，由于经营不善欠银行6.57亿港元，以至濒临破产。广州市政府不想看着苦心经营多年才打造出的长城品牌倒闭而消失，急切地为其寻找救世主。李东生接过烂摊子，在帮助广州市政府留住长城的同时，化解了吴少章很可能要面临的"牢狱之灾"。

当年吴少章拿走的长城电子惠州生产基地重回李东生的手中，命运就是如此不可预料。

做局者

那是一个令人热血沸腾的年代，一切行为都与理想、美梦有关。正如经济学家胡祖六所言，没有规则和现代商业理念的企业，永远是小公司。而TCL的故事，则契合了从1989年以来的中国商业变化的所有细节，这些微妙的征兆从一开始就注定了其后的结局。后来的TCL风光一时，不能不说与李东生在1989年的布局息息相关。

1989年的李东生除打造TCL王牌，还做了另一个更大的局。

他在香港谈生意的时候很偶然遇到一家IT公司。这个公司成立时间不过3年，仅凭着一颗芯片，一年就能赢利1亿多港元。相比之下，1989年TCL已经苦心经营了8年的电话，一年的赢利也仅千万余元。企业财富巨大反差的亲身体验，让李东生有所警醒——IT产业蕴藏着巨大的机会和财富。只不过TCL处于成长期，自身资源远远不够，再加上当时的IT市场远未成熟，门槛也太高，TCL不可能有太大的投入。尽管如此，李东生当机立断，采取了行动。

出资购得这家名为寿华IT公司5%的股份后，李东生投入极大热情。然而，对于PC，他又是一个十足的陌生人。挣扎4年后，他最终找到下家把股份悉数抛出。

第一次尝试不甚成功，幸运的是，抛售寿华被证明是正确的。1994年的非台湾主板厂商几乎无人幸存，国内的联想更是在主机板上没有规则和现代商业理念的企业，永远是小公司。

赔得一塌糊涂。

几乎所有有商业嗅觉的人都认定IT产业很快会红火，但当时谁都不知道咸鱼翻身的具体日期。于是出现了这样的现象：半死不活的IT市场，前景晦涩，苦盼天明。

1997年，李东生把目光投向了台湾的OEM厂商。尽管还是觉得风险太大，但经过多次选择和比较，TCL与台湾GVC——一家与TCL文化相仿的电脑公司合资，注资5000万元创立TCL致福电脑公司，把家用电脑作为突破口，进军IT产业。

从1989年到1998年，十年磨一剑，李东生布的这个局不能说不长久。在积极准备了10年之后，TCL的IT板块迎来了一个关键人物——吴士宏。

作为IBM中国区资深经理和微软大中华区CEO，吴士宏给李东生带来的是一个"艺术化"的构想。

TCL从传统家电企业发展到"互联网接入厂商"，中间堪称走了弯路。不仅企业的定位已经大相径庭，同时也映射出企业从接触IT到理解IT的渐进过程。

IT业务的精进，和李东生对企业的改制几乎是同一个布局之下的两个方向。1997年，惠州市政府审批通过了TCL"经营性国有资产授权经营试点"的申请,李东生作为TCL的负责人与政府签署了为期5年的放权经营协议。协议规定,截至1996年,3亿元净资产归入惠州市政府财政,次年开始,每年净资产回报率不得低于10%,多余部分,管理层按比例分红。此即著名的"增量奖股",李东生用这种方式完成了TCL从国企向股份制企业的转变,也绕开了大多数国企改制过程中存在的诸多纷争。

自此,TCL从家电企业蜕变成了一个具有国际化企业潜力的符号。然而,接下来的几年里,发生的一系列故事又让李东生重新进入一个背道而驰的局面中,犹如1989年前后的那些反复,只不过,情况已经无法由他自己控制了。

下一个轮回

鹰是世界上寿命最长的鸟类,它一生的年龄可达70岁。要活那么长的寿命,它在40岁时必须作出困难却重要的决定。这时,它的喙变得又长又弯,几乎碰到胸脯;它的爪子开始老化,无法有效地捕捉猎物;它的羽毛长得又浓又厚,翅膀变得十分沉重,使得飞翔十分吃力。此时的鹰只有两种选择:要么等死,要么经过一个十分痛苦的更新过程———150天漫长的蜕变。它必须很努力地飞到山顶,在悬崖上筑巢,并停留在那里,不得飞翔。鹰首先用它的喙击打岩石,直到其完全脱落,然后静静地等待新的喙长出来。鹰会用新长出的喙把爪子上老化的趾甲一根一根拔掉，鲜血一滴滴洒落。当新的趾甲长出来后，鹰便用新的趾甲把身上的羽毛一根一根拔掉。

这是多年后李东生在TCL面临新困境时写下的一段话。他期盼重生。究竟是什么事情，让李东生如此痛苦而决绝？

2004年，有人在媒体上这样评论："身负多重象征的李东生，必须在这一场前所未有的跨国并购中胜出。这应当是为数不多的能证明中国商人能够承担更大责任的机会。"

4年之后，又是在媒体上我们见到了这样的描述："国际化让TCL深陷泥潭……李东生会成为那只重生的鹰吗？……这个曾经的明星企业家没有像柳传志、张瑞敏、任正非那样一帆风顺地成为商界领袖，反而问题重重。很多人都在问：TCL缘何举步维艰？为什么TCL的国际化会遭遇如此打击？李东生能率领TCL获得重生吗？"

4年间，媒体口吻的变化说明李东生陷入了一场困局。

2004年年初，TCL集团整体上市，李东生的个人资产达到12亿元人民币。2004年，李东生攀上了人生的一个巅峰。但很快，他摔了下来。为李东生赢来诸多荣誉的汤姆逊并购案成了他企业家生涯一次前途不明的"滑铁卢"。

由于并购的两家企业巨额亏损，TCL 2005年亏损20多亿元。为实现扭亏，李东生想尽办法，并宣称2006年扭亏。结果却相去甚远。2006年TCL亏损达19.32亿元，其欧洲市场亏损2.2亿欧元。2007年5月，TTE申请破产清算，为这次破产，TCL又付出近2.4亿欧元。

随后，TCL股票大跌，一度戴上"ST"的帽子。企业运营艰难，许多高管"下课"或出走，曾经的明星企业风雨飘摇。李东生感慨:"经历了一生中最难过的日子,做了10多年企业,一直是赢利,突然间亏损。跨国收购后,原来预计18个月扭亏也没有实现,面对员工、投资人、同行、政府,感到很是内疚、惭愧,自己的情绪甚至一度有点失控。"

李东生心力交瘁之时,《福布斯》中文版把2007年"中国上市公司最差老板"第六名留给了他。

有人指责他将并购当作儿戏,冲动的惩罚不可避免,李东生却不认同这种观点,"我们并没有错,走国际化道路,并购汤姆逊和阿尔卡特是正确的选择,绝不是一时冲动。我们在北美市场的成绩证明我们做了充分的准备,而且具备了重组的能力"。

也有人客观评论李东生的窘境,TCL的海外并购与当时的大环境有关,许多企业对跨国并购都蠢蠢欲动——明基要收购西门子手机,联想要收购IBM的PC业务,亚洲顶级公司都看到了这条路,然而问题在于,李东生低估了国际并购的难度。

"我把事情想得过于乐观了,资源准备不够充分。当时,我以为是充分的,实际上不够充分。"资源不仅包括资金,还包括人才。对于外派的员工,TCL原计划培训三至五年,然而实战中,不到一年就被派出去冲锋陷阵,许多外派人员甚至不懂英语。

"中国企业国际化,出去容易,但出去之前,必须做好充分的准备。你的人才、管理团队、企业文化、资金储备,等等,都准备好了吗?而不仅仅是请咨询公司准备几份调查报告。"

匆忙上阵的TCL在并购之初甚至没有选择专业的咨询公司进行认真评估。李东生就曾后悔在与阿尔卡特合资之前没有聘请专业的咨询公司参与收购方案的设计,以致"在经营过程中遇到了意料不到的问题"。

并购后，李东生还出现了一个重大失误，没有及时预估到国际家电市场的快速转型。

"在收购汤姆逊的时候，没有料想到国际彩电市场的变化会这么快，平板电视迅速取代显像管电视，成为主流……对产品和技术判断失误。"

在艰难中迂回两年，进度缓慢的国际化不再为人诟病，TCL也在财报中宣告盈利。但是，在3.8亿元利润中，仅有1.8亿元为经营利润，其余均为变卖资产所得。

此后很长一段时间，他的状态正如《鹰之重生》中写的那样，"已经过去的事情，不要再去想了，因为你改变不了过去，你只能去创造未来。"他的TCL"重生"战略能否成功？

以研究中国企业成长史而闻名的吴晓波表示，"他身上有很多企业家的优秀品质，他的宽厚、他的冒险精神，以及处理企业内外关系高超的手腕，只要这个产业有机会，他还是很厉害的。在那样大的挫折下没有被击倒，这是他20多年的功力。这种经历也是一种财富"。

2011年1月，李东生面对众多媒体，宣告：鹰已重生。2014年，TCL集团营收突破千亿元，净利润达历史最高点。

> 她终归无法放弃内心的创业梦想，随着大众电脑的事业越做越大，创办自己事业的想法愈发强烈。

王雪红：不想被控制

文/陆新之　邓鹏

2014年5月，美国《福布斯》杂志公布的2014年全球年度最具权势女性排行榜中，HTC董事长王雪红再度入选，这已是她连续第四次荣登该榜。

同年，美国消费者新闻与商业频道（Consumer News and Business Channel，简称CNBC）评选出了该台自1989年开播以来，25年间对商业和财经界影响最为深远的25人，有两位华人入选，王雪红是其中之一。

如此煊赫的人物，人们不禁要问：王雪红究竟是谁，财富源自何方？答案是：她是台湾宏达电子和威盛电子的创始人，财富便是来自这两家高科技公司的股权。也许人们对宏达电子和威盛电子感到陌生，那么对风行天下的HTC手机一定不陌生。没错，王雪红就是HTC背后的那个女人。

就业与创业的权衡

1958年9月14日,王雪红出生在台北市,母亲杨娇,父亲则是大名鼎鼎的"台湾经营之神"王永庆。王雪红在台湾的大家庭生活到15岁,中学三年级时被送到美国加州。

王雪红从小喜欢音乐,自幼练习钢琴,最大的梦想就是成为一名音乐家。但当她如愿以偿进入加州大学伯克利分校音乐系作曲专业的时候,发现自己并不适合这个专业:"我自己作曲,要想很久才能写出一个句子,但别人蹦蹦跳跳就出来了!""举凡大音乐家都有两个共性:一是非常认真,二是很有天分;我发现自己恰恰没有这个天分",于是她果断转读经济系。

1981年夏天,23岁的王雪红从加州大学伯克利分校取得了经济学硕士学位,回到了阔别已久的台湾,新的历程便开始了。

回到台湾,王雪红面临三个选择:一是父亲表达了希望她进入台塑集团的愿望;二是二姐王雪龄和姐夫简明仁正在创办的大众电脑集团,也正是用人之际;三是不靠家人,自己创业。

外界多认为王雪红会选择第二条道路,其实不然,在加入大众电脑之前,王雪红有过短暂的创业经历。1976年,王永庆捐资20亿新台币创建长庚医院,身在加州的王雪红曾为长庚医院做过美国药品代购,因此对这个领域比较熟悉,回到台湾之后,她一度做过买卖药品的生意。但这一次创业很快无疾而终,随后王雪红违背父意，加入了大众电脑公司，做二姐王雪龄的助手。

王雪红自称有叛逆性格，"从小就养成了不想被控制，不想跟人走的个性"，虽然与父亲关系亲密，但并不适合在一起工作。一方面，台塑集团人才济济，初出茅庐的王雪红担心无法充分施展拳脚；另一方面，她对家族企业提不起兴趣。

王雪龄、简明仁夫妇从20世纪80年代初个人电脑的兴起中窥见商机，在1980年用自有的2.5万美金创办了大众电脑公司，一开始代理美国品牌机，同时兼做电脑组装生意：利用台湾低廉的劳动力和地理中转条件，将海外电脑配件组装成整机后，再返销欧美市场。由于经营有方，加上市场竞争者较少，大众电脑公司发展非常迅速，业务拓展很快，这对于王雪红来说无疑具有很强的吸引力。

在大众电脑公司，王雪红负责开拓渠道，她这样描述当时的工作状态，"常常一个人拖个大桌子，租个展会摊位到处秀大电脑"。起初，王雪红如鱼得水，但一次欺诈事件让她见识到商场的险恶。

1982年，一个美国人找上门来，下了一笔高达70万美元的订单。这是王雪红的第一个国际客户，订单数额如此之大，她着实兴奋了一阵，然后就开始进料、制造、供货。供完之后在对方没有付款的情况下，又再加货。最初的兴奋消退后，王雪红发现不对劲，因为对方一直不付钱。

这个美国人是在西班牙做生意，为了了解情况，王雪红按照发货地址上的信息飞到西班牙去调查。到了之后大呼上当，原来对方把机器全部存放在一个仓库中，根本没有搭建销售渠道，当然也卖不出去。王雪红预感中了对方的圈套，"他先囤积货物，然后慢慢地逼我们反过来去支持他"。

由于没有经验被钻了空子，货物当然不可追回，70万美元的货款却不能不追讨。这可不是小数，足以让大众公司陷入绝境，看着二姐、姐夫四处借债，王雪红懊悔不已："我的世界完蛋了，也把姐姐、姐夫毁了。"虽然不是她签的合同，但作为部门一把手，她负有不可推卸的责任。

王雪红不甘心就此罢休，带领两个部属飞到西班牙追债。王雪红回忆，这个美国人有黑社会嫌疑，自己和两个手下谁都不会讲西班牙语。人生地不熟，只好请一个留学生帮忙，找了律师和保镖，半夜三更跑到美国人的仓库去堵他，结果又是白忙一场。意识到此事不可操之过急后，王雪红索性在巴塞罗那租下一间公寓住了下来，"追着人家跑，要跟人家谈判"。

虽然最终货款一分钱没有追回来，但是滞留的半年时间，却让王雪红对欧洲市场有了初步认识。那时台湾还没有人去欧洲做电脑生意，讨债之余，王雪红到欧洲各国卖主板，逐步建立了一些经销渠道，为大众电脑打开欧洲市场的大门奠定了基础。这件事让涉世未深的王雪红感慨良多，她后来总结："困难是一个人成熟的机会。一个人要成功，就得选最困难的事情去做。"

王雪红终归无法放弃内心的创业梦想，随着大众电脑的事业越做越大，创办自己事业的想法愈发强烈。1987年，在大众电脑工作6年之后，做到分公司国众电脑董事长的王雪红选择离职，她说："我是个不太喜欢被人家管的人，很感谢在大众学到很多东西，我也觉得自己可以做些事情。"

贷款创业的底气

实际上，王雪红很早就表示出辞职创业的意向，一来二姐、姐夫一直挽留，二来没有遇到合适的机缘，所以"大概过了三四年才走掉"。这期间，经常来往于台湾与美国之间的王雪红在硅谷发现了一家小型芯片设计公司VIA，萌生了创业想法。1988年9月，王雪红将母亲赠送的台北锦州街的一套房产拿去银行抵押，贷款500万新台币，买下VIA，就是威盛电子前身。

VIA诞生于20世纪80年代末期美国芯片创业热潮之中。当时美国一夜之间冒出上百家芯片公司，VIA则是由日裔工程师创立的小公司，技术上有独特的造诣。因理念不同，管理层历经多次换血，元气大伤，同时在激烈的外部竞争中无法突破大厂封锁，濒临倒闭。

王雪红密切关注着业界动态，当她得知VIA公司的处境时，决定借收购开始自己的创业历程。

事业做大之后，王雪红曾在媒体前这样回顾创办威盛公司的心路历程："我还在美国念书的时候，一天，姐夫简明仁抱来一个庞然大物，这是别的厂家刚生产出来的电脑。正好当地有个展览会，我们就联系了一个很小的摊位，就一张桌子，把这个庞然大物放在上面。没想到，居然有人对我们的展品感兴趣，有外国客户要订货。我把订单给到姐夫他们的大众电脑公司，可是他们做不出来，我就想能不能自己来做。于是，我就创建了威盛电子公司。"

事后回顾云淡风轻，创业过程则九曲回环，无法一笔带过。在大众电脑公司时期，王雪红发现主机板是几乎所有台湾电脑公司的软肋，就连专业生产厂家也不过尔尔，"不如干脆自己来做"。

直接收购可以免去创业过程中的诸多正面困难，但对创业者自身实力也是不小的考验。

对于VIA而言，王雪红不仅是资金注入者，更是经营、管理的核心。入主VIA后，王雪红大力整顿公司业务，将主业锁定为主板。销路不必发愁——向大众电脑公司供应，技术却是个大问题，包括中央处理器、内存和芯片，"所有的东西都需要采购"。无奈之下，公司只能边学边做。从全球购买主板配件，然后组装成型，实际相当于一个组装车间，"跟玩具组装没有什么两样"。

亦步亦趋做了两年，VIA初步具备了大规模生产能力，成为主板制造领域的后起之秀。

1992年，王雪红不满足于利润稀薄的主板生产了，她心想："电脑主机上眼花缭乱的各种配件，几乎找不到一个是我们中国人自己做的，钱都被别人赚走了，为什么不能自己做芯片呢？"

电脑主板主要包括三部分：处理器、内存和芯片组。处理器属于技术密集型产业，对技术要求很高；内存是资金密集型产业，投资额巨大；而芯片组对技术和资金要求较低，门槛相对较低。王雪红是经济学专业，并非计算机科班出身，但是创业这几年培养了她良好的科研素养。平时接触最多的就是主板，芯片组项目投资额较小，加上VIA有芯片设计专长，于是她决定涉足这个领域。

然而，技术仍是最大的难题，不过王雪红并未正面发力，而是采取迂回战略，绕开障碍。

吸引技术人才加盟

创业是一件具有开创性的工作，过程中难免遇见各种各样的难题，它们共同考验着创业者的财力、智力和能力。一般而言，能用钱解决的问题都不算问题，而最大的困难其实还是人的问题。

王雪红创业过程中，资金并不是首要问题。虽然父亲和家族没有支持一分钱，但母亲赠予的房产变相提供了启动资金，收购VIA后，二姐的大众电脑公司提供了稳定的订单，免去了市场开拓之苦。然而，这些外部条件并非人人可有，当然也不是必要条件。尽管它们促成了众多问题的迎刃而解，但并不存在普适性，最关键的问题仍需创业者凭借个人能力化解。

优秀的创业者能够把各种资源要素有效对接，达到合理组合。因此，技术短板未必一定需要从头弥补，如此不仅需要花费巨大财力、精力，还可能错失市场良机，这正是王雪红的顾虑所在。

技术问题实际上是人才匮乏的问题。VIA具有芯片设计功底，但欠缺研发能力，当务之急乃是网罗人才，组建强大的技术团队。这时候，王雪红想到了一个老朋友，就是她后来的丈夫陈文琦。

陈文琦是加州理工大学计算机硕士，先后在Wyse Tech、英特尔等公司任职，在结构设计方面有卓越的才能，同时还有丰富的营销

"困难是一个人成熟的机会。一个人要成功，就得选最困难的事情去做。"

管理经验。1989年，陈文琦从英特尔部门经理的位置上辞职，在硅谷创立自己的公司Symphony，专门从事结构设计。早在王雪红任职国众电脑董事长时，便与陈文琦相识，两人志趣相投，理念相同，在许多问题上有共同的见解。

在"创业圣地"硅谷的多年历练，使陈文琦建立了敏锐的商业嗅觉和清晰的产业眼光。因此当王雪红发出邀请的时候，陈文琦毅然率领Symphony团队加盟威盛电子，开始与王雪红联手创业。

陈文琦还带来了搭档林子牧。此人是半导体专家，从台大电机系毕业后进入加州理工大学攻读博士学位，师从半导体权威米德，毕业后加入米德创办的公司从事芯片设计，既有理论基础也有实践经验，是不可多得的人才。早在加州理工求学期间，林子牧便与陈文琦在学校合唱团相识并成了朋友，后来两人一起创立Symphony设计公司，配合默契，堪称"黄金搭档"。

以后的事实证明，正是陈文琦、林子牧的加入，令威盛实力大增，获得了长足进步的基础。

向利润更高的领域升级

20世纪90年代初,台湾经济进入黄金时期。在欧美计算机制造产业转移的背景下,台湾通过独特的代工模式成为全球计算机硬件制造基地,全球大约80%的电脑主板都由台湾厂商提供。

考虑到产业聚集效应和市场就近原则,1992年,王雪红将VIA班底从硅谷迁往台北市新竹市,改组为威盛电子股份有限公司,自任董事长,陈文琦担任总经理,林子牧担任研发副总经理。从此,三人戮力合作,率领新生的威盛电子开始了计算机硬件制造领域的长征。

计算机行业的繁荣滋生了大量芯片公司,其中既有英特尔、AMD、NVIDIA、ATI等老牌厂家,也有台湾的SIS、ULI等新秀。置身其中,威盛电子只是一家不起眼的后来者,在当时没有多少人看好。

1992年的一天,王雪红与英特尔"掌门人"安迪·格鲁夫在香港相遇。得知王雪红准备进军芯片领域,安迪·格鲁夫警告她:"你不该做这个,英特尔对芯片组的挑战者会非常严厉。"听到这句话,满心期待的王雪红非常震惊,她想做的产品与英特尔并不竞争,而是互补关系。尽管如此,格鲁夫的气势仍使王雪红"很受伤",以至多年后她仍然清楚地记得当时的失望:"原本以为,我们去做这个事情,他一定很高兴,因为当时并不是我们一家在做。"

芯片组是计算机主板电路的核心,尽可能地把主板电路和元件集成在芯片内。在某种程度上,芯片组设计、工艺的好坏,几乎决定了主板的级别和档次。王雪红当然不知道，英特尔已经制订了芯片组计划。回到台湾后，她开始思考格鲁夫的警告，得出的结论是："不做就是受制于人"。

但如何突破英特尔的技术封锁呢？陈文琦认为，美国芯片组发展迅速，但是早期项目带头人大多数是台湾留学生，如果把这批人请回台湾，威盛还是有机会的。王雪红决定试一试。

在台湾企业界，王雪红素有"拼命三娘"称号，这是形容她不肯低头的气概。在芯片组产业选择上，王雪红将安迪·格鲁夫的警告抛诸脑后，风风火火地投身于创业中。

王雪红明白，威盛要想在芯片组领域赢得一席之地，离不开那些在美国带头研发的台湾留学生，她下定决心要把他们带回台湾。然而，"要说服他们放弃那边的优厚环境，回到台湾去打造一个不可知的未来是一件非常困难的事情"。这时，父亲王永庆的声望给她提供了额外帮助。王永庆此时已经奠定了在台湾企业界"经营之神"的地位，王雪红说："人们会想，我父亲做事始终如一，他的女儿大概也不会有什么问题吧。"许多人应邀而至，技术团队壮大起来。

新行业创立之初，免不了一番诸侯混战，对于威盛这样的后来者，恰是危险的过渡时期。

1997年之前，王雪龄、简明仁的大众电脑公司一直是威盛最大的客户，特别是1991年股票上市之后，大众电脑公司势力大增，成为威盛电子稳固的靠山，其采购一度占到威盛电子总业务量的90%。与此同时，陈文琦做主，将芯片组生产交给台积电代工，威盛得以免去投资建厂的负担。只此一项便节省下10多亿美元，大大降低了生产成本，顺应了电脑低价潮流。

威盛幸运地躲过了芯片组行业的混战，到1994年时已成为全球仅存的7家芯片组厂商之一。此后，王雪红用5年时间将威盛发展为全球第一大芯片组生产商，与IBM、惠普、康柏等巨头建立起伙伴关系，1997年康柏取代大众成为威盛最大客户，到2000年威盛已占据全球市场70%的份额。

1999年3月，威盛电子在台湾挂牌上市，发行价120元新台币。由于投资者追捧，威盛股价在3个月内翻了一番，一年后更是暴涨360%，一度冲到629元，时称"台湾股王"。

威盛上市之初，陈文琦踌躇满志地宣布：在两年内取得全球芯片组市场50%份额。当时许多人视为笑谈，然而仅1年时间，2000年下半年威盛即占据了全球七成市场，陈文琦再次发愿：进军中央处理器（Central Processing Unit，简称CPU）领域，从英特尔、AMD手中夺取全球处理器市场10%的份额，要做"亚洲英特尔"。

中央处理器是整机利润最为丰厚、技术最为尖端的环节，强敌环伺，阻隔重重，威盛怎样抵达彼岸呢？

答案显而易见。早在1999年6月和8月，威盛先后收购了两家著名的CPU研发机构Cyrix和Centaur。Cyrix专门生产英特尔兼容芯片，1997年被美国国家半导体公司收购，当时的收购价高达5.5亿美元。Centaur则是IDT公司的微型处理器事业部。借此，威盛进入了CPU领域。

不难发现，威盛进入CPU领域的手法带有鲜明的王雪红风格——借助收购美国专业团队获得技术支持，与王雪红的创业路数一脉相承。通过收购Cyrix和Centaur，威盛迅速介入CPU行业,动作之快,令同行不容小觑。与芯片组一样,王雪红并未将行业老大英特尔视为竞争对象,从一开始威盛与英特尔就是两条路数:英特尔注重产品性能,威盛则致力于性能与应用的结合。

不过,对于英特尔来说,事情并没有这么简单。所谓"卧榻之侧,岂容他人鼾睡"。当初威盛在芯片组领域的崛起,就抢夺了英特尔的许多客户。这一次,感到威胁的英特尔终于向威盛发难了。

如何应对专利诉讼?

1999年9月,威盛在一次行业论坛中公开发布Cyrix Joshua处理器计划,即VIA C3处理器的雏形。这是全球第一款与能P6 Bus兼容的处理器,也正是这款产品引发了英特尔对威盛的抗争。

英特尔是CPU领域的霸主,全球市场占有率超过90%,拥有CPU领域的诸多专利,常常以行业规则制定者自居,专利权则是其打压竞争对手、维护自身行业地位的一个有力武器。

英特尔对P6 Bus享有专利权,不允许未经授权的厂家生产兼容性处理器。英特尔声称威盛并未得到授权,侵犯了自身的专利,于是对其发动了全球诉讼。先是要求美国商务部禁止威盛将相关产品销往美国,随后又在英国、新加坡等国提起诉讼。王雪红回忆,"刚开始,这个官司是8个国家的十几个官司一起打"。此后,威盛每推出一款CPU产品,英特尔便会发动新一轮诉讼,令威盛苦不堪言。"员工们越来越感觉到英特尔无处不在,其努力往往被一句话化为乌有；客户越来越对威盛失去信心，怕被英特尔起诉，说自己使用没有专利授权的产品。"

王雪红毫不示弱，正面迎击英特尔的猛烈攻势，前后参加了100多场听证会，据理力争。

原来Cyrix Joshua处理器的原型是Cyrix团队研发的Gobi处理器，在被威盛收购之前就已发布。当时，Cyrix团队还是美国国家半导体公司的一个部门，而后者恰恰与英特尔有专利交叉授权协议，其中就包括英特尔的P6 Bus专利权。1999年，威盛收购Cyrix的同时，与美国国家半导体公司签订了专利交叉授权协议，变相获得了P6 Bus专利的合法使用权。

这场专利官司颇为复杂，英特尔与威盛各执一词，一时难分对错。僵持不下，正是英特尔的既定之策。实际上，英特尔的目的不为打赢官司，而在牵制、拖垮竞争对手。这一招是大公司打压创业型公司的不二法门，英特尔对许多美国公司都使用过，早已将之练到炉火纯青的地步。

反观威盛和王雪红，由此落入了骑虎难下的处境，进退维谷。王雪红进入了一生少有的艰难时期，只能硬着头皮往前冲。然而，到了2003年，因为一桩收购案，威盛终于峰回路转。

2003年，王雪红斥资3.22亿美元，收购S3公司。对于王雪红来说，该公司最大的价值是1998年与英特尔签订的一份期限超过10年的专利交叉授权协议。通过收购，威盛共享了S3与英特尔之间所有的交叉授权专利。2003年4月，英特尔终于放下姿态，与威盛握手言和，根据和解协议，双方各自撤回所有诉讼，并就现有产品线签署一份为期10年的交叉授权协议。

"我相信，任何人都无法阻止HTC的创新和发展。"

威盛虽然没输官司，却错失了发展良机。通过诉讼，英特尔成功打乱了威盛的节奏。双方和解之际，威盛在全球芯片组市场的份额由70%下跌到不足30%，股价则暴跌近94%，市值严重缩水。但是，无论如何，威盛至少赢得10年的发展空间，长久以来笼罩在头顶的乌云终于散去，整个公司气象一新。

四个月后的一天，威盛员工在公司网站上看到总经理陈文琦发布的一条消息，原来他已与王雪红在美国完婚。共同的理想让陈文琦加入王雪红的创业中，回到台湾后，陈文琦并未置业、买车，平时住在王雪红家的客房，有时上下班搭王雪红的便车，还在王雪红感染下成为基督徒。如今，患难与共的两人终于走到一起，成就了台湾企业界伉俪创业的一段佳话。

为了明天：布局产业链

在威盛内部，有一个充满宗教意味的"迦南计划"。迦南是《圣经》中描述的一个流淌着"蜂蜜和牛奶"的地方，作为基督徒的王雪红以此命名，无疑寄托着寻找商业王国财富源泉的梦想。

始于2000年前后的"迦南计划"主要包含两块内容，即向CPU和GPU（CPU、GPU分别是中央处理器和图形处理器的英文简称，GPU就是人们常说的显卡）领域的进军。由此可见，威盛当时便认准了中央处理器和图形处理器这两个整机产业链上利润最丰厚的环节。

与英特尔和解后，轻装上阵的威盛发展十分迅速，成为唯一一家能与英特尔、AMD等国际巨头抗衡的华人企业。尤值一提的是，威盛在低功耗处理器上取得突破性进展，产品广泛应用于移动设备、嵌入式设备和瘦客户机设备，其中在瘦客户机市场，威盛处理器已经占据全球60%的份额。

几乎与处理器业务同时起步，威盛组建了专注于显示芯片的旭上电子公司，成功继承了原S3公司的核心技术并将其发扬光大，如今已经成为仅次于英伟达、ATI的行业新秀。

从组装主机板起步，到自主设计、研发芯片组，再到涉足中央处理器和图形处理器，威盛在计算机产业链上逐步深入，呈现出清晰的产业路径。然而，相比王雪红的整体战略，这不过是冰山一角。

台塑集团寄生于石化产业链，它的崛起是基于王永庆对整个产业的深刻理解：打通产业链上下游各个环节，实现内在的循环。王雪红显然深受其父影响，在她执掌之下，威盛围绕整个IT产业进行上下游延伸，不局限在计算机领域，而旨在成为IT界的综合性企业集团。

现在看来，1999年是威盛历史上的关键一年，成功上市令其获得了丰沛的资金，为随后的战略扩张提供了可能。上市后，王雪红将威盛定位为"计算机连接平台供应商"，开始加速前进。在这样的背景下，2002年，威盛收购美国LSI Logic公司的CDMA2000芯片设计部，组建威睿电通有限公司，向电信领域迈出重要一步。与Cyrix情形类似，LSI Logic与高通公司签有协议，可以合法开发、生产和销售CDMA芯片。通过收购其旗下的芯片设计部，威盛成功地化解了CDMA专利壁垒，使威睿电通成为除高通之外，全球唯一一家有资格生产商用CDMA芯片的公司。威睿电通成功抓住了3G潮流，其生产的CDMA芯片在国内市场份额逐年提升。

经过一番布局，王雪红构建起了一个横跨CPU、GPU与移动通讯芯片，拥有30多家附属公司的威盛帝国。放眼全球，集CPU、GPU与移动通讯芯片三大领域于一身者，只此一家。深谙"广撒网、精布局"的王雪红为威盛创造了独树一帜的发展路径，无论未来行业如何变幻，威盛均有备无患。

用品质赢得客户青睐

在威盛集团众多子公司中，最耀眼的莫过于HTC了，其风头之盛，甚至盖过了母公司。

1997年，威盛电子终于在芯片组领域扬眉吐气，成为仅次于英特尔的全球第二大芯片组生产商。这年5月15日，一家名叫High Tech Computer Corporation的小公司在台湾新竹市的龟山工业区成立了。

威盛电子是它的投资方，王雪红则是三个创始人之一，它就是宏达电子的前身。

另外两名创始人分别是卓火土、周永明。卓火土早在1992年就与王雪红相识，当时他在迪吉多电脑公司担任工程部主管，而威盛刚从硅谷迁往新竹。卓火土为立足未稳的威盛解决了许多技术难题，从此与王雪红结缘。卓火土当时的愿望是做掌上电脑，王雪红发现"他的梦想跟我一样"，两人经常探讨"怎样不带着PC到处走"，这为随后的共同创业埋下伏笔。

1997年，在王雪红的邀请下，刚从迪吉多辞职移居美国的卓火土回台湾创业，同时带来了他在迪吉多时的部下周永明。周永明是缅甸华侨，在缅甸完成专科学业后到台湾继续求学，1987年进入迪吉多，担任工程师，与年长4岁的卓火土相当投缘，在工作中建立了深厚的友谊。

公司成立后，王雪红任董事长，卓火土为总经理，但他们并未立即开发掌上电脑项目。

在战略决策上，王雪红认为应该做掌上电脑，卓火土则认为笔记本市场更广阔，更有号召力，容易吸引人才。当时HTC毕竟太小，没什么名气，所以招聘比较困难，王雪红听从了卓火土的建议。

但这条路走得并不顺利，同时成立的几家笔记本代工厂挤压了HTC的生存空间。产品销路不畅，到1999年时，HTC亏损达10亿新台币。银行拒绝贷款，情急之下，卓火土决定将自家房产抵押用于公司运转。此时威盛在芯片组领域大放异彩，王雪红调拨资金，解决了财务问题。

经此挫折，HTC转向PDA领域，卓火土仍负责公司运营和研发。卓火土身上有着工程师对技术的执着追求和精益求精的态度，加班到深夜一两点是常事。他崇尚精细化管理，无论对自身还是对员工，要求都极其严格，不容许任何错误，在公司内有"完美先生"之称。

任何一家创业型公司都会或多或少地带上创始人色彩。对于新成立的HTC来说，创始人卓火土的严格要求在无形之中留下了注重设计、追求细节的基因。在随后的道路上，HTC受益匪浅。

恰在此时，微软公司推出了叫好不叫座的Windows CE操作系统，由于曲高和寡，没有那家硬件厂商敢冒险与之合作。王雪红认为这对HTC来说是个绝佳的机会，向微软表示合作意向，却被粗暴拒绝：微软希望与惠普、戴尔等大公司合作，而当时的HTC还是一家名不见经传的小厂。

王雪红再次显示出独特的创业气质，她背上HTC生产的PDA去拜见比尔·盖茨，到了之后将产品一款一款拿出来展示，有条不紊。看到这些品质上乘、设计感十足的产品，比尔·盖茨被打动了。王雪红至今记得，"他特别惊奇我们是怎么做出他要的概念的"。就这样，微软与HTC的合作开始了。借助微软巨大的影响力，HTC打开了市场的"潘多拉魔盒"，在业界的知名度迅速攀升。

然而，虽然搭上微软这条"大船"，但在相当一段时间中，HTC并没有推出在市场上叫得响的产品，直到与康柏相遇。2000年，康柏公司推出一系列采用Windows CE 3.0操作系统的高性能掌上电脑iPAQ，因其具有强大的多媒体功能而备受追捧，作为代工商的HTC

> 一般而言，能用钱解决的问题都不算问题，而最大的困难其实还是人的问题。

也因此一炮走红，订单蜂拥而至。2001年，HTC出货量达到149万台，占据全球市场48%的份额。

2001年康柏被惠普收购后，iPAQ产品线继续保留，成为惠普最热门的产品之一。HTC仍为惠普代工，借此确立其在掌上电脑领域的领先地位，吸引众多大客户，并迅速成为全球最大的PDA代工厂商。

2001年7月，HTC有了中文名称——宏达国际电子股份有限公司，简称宏达电子或宏达。

商业模式的创新

2002年，HTC已收获惠普、戴尔等大客户，加上软件巨头微软的支持，前景一片明朗。这年3月26日，HTC在台湾挂牌上市。几乎与此同时，微软发布Pocket PC Phone Edition操作系统。这年5月，HTC几乎在第一时间推出了搭载该系统的智能手机Wireless Pocket PC。

始料未及的是，合作伙伴惠普、戴尔等并不看好智能手机，拒绝让HTC产品贴牌。这将HTC逼上了另一条道路。而后，HTC的智能手机被欧洲许多电讯运营商看中，签下大笔订单，由此迎来了转机。

不同于传统的代工模式，电讯运营商采取合约方式搭售硬件。它们向HTC定制智能手机并打上自家LOGO，其利润主要是电话通讯费，硬件则基本不赚钱。有时候为开拓市场开展的种种优惠活动，在无形中带动了手机销售。由于HTC依托微软操作系统，为当时的消费者提供了黑莓、奔迈之外的另一重选择，加上质量可靠、价位低廉，几款产品取得了不错的成绩，建立了一定的口碑。

此后，无论采用何种操作系统，HTC一直延续着与电讯运营商的合作关系。王雪红采取开放多元的策略，凡是电讯运营商，几乎来者不拒，合作名单不断扩充，让HTC找到了代工之外的另一条出路。不同于诺基亚、摩托罗拉、三星等手机厂商，HTC的商业模式不是传统意义上的卖机器赚钱，而是通过运营商捆绑销售，然后参与分成，从而免去市场开拓、渠道搭建、品牌维护等众多繁琐细碎的环节，得以专注于产品研发、设计上，并凝聚核心竞争力。

如果说产品是皮毛，那么商业模式则是内核。无论产品如何优秀，只有依附于成功的商业模式才可能发扬光大。当然，商业模式的成功，在某种程度上也是建立在产品优秀的基础之上。

对于HTC这样的后来者，如果采取传统方式，在全球各国打品牌，很容易会因为元气损耗陷入危险境地，还可能四面树敌，遭到同行打压。相反，依托法国电信、O2、沃达丰等各国电讯运营商的广泛合作，则不仅可以顺利开展国际化业务，还能避免恶性竞争，迅速缩短与诺基亚、摩托罗拉等老牌手机厂商的市场差距，厚积薄发，为日后建立自主品牌积蓄力量。

着眼未来的品牌策略

2002年7月1日，宏达电子与威盛电子共同出资，在台湾桃园组建多普达国际股份有限公司。多普达英文名称dopod，作为开拓大陆市场的独立手机品牌，以Windows Mobile系统闻名于世。

与此同时，HTC继续以代工身份周旋与欧美各大电讯运营商之间。同一款手机，多普达品牌是针对大陆市场，赢得大批消费者的青睐；HTC品牌则是面向海外市场，与运营商紧密合作。双品牌策略不仅有效规避了HTC的品牌误区，同时在大陆培养了可观的市场，为随后的转型积累了基础。

2005年2月12日，宏达电子股价涨至232元新台币，成为"台湾股王"。同年5月，公司推出全球首台搭载Windows Mobile 5.0操作系统的3G手机。11月，欧洲分公司成立。王雪红被《商业周刊》评选为"2005年亚洲之星"，而《华尔街日报》则将她列入"全球最值得关注的50位商界女性"。

2006年，HTC从幕后走出，推出自主品牌。4月末，宏达电子收盘价为1020元新台币，成为台湾股市16年来第二个突破千元记录的股票，也是王雪红继威盛电子之后创办的第二家"股王"公司。随着股价攀升，王雪红个人身价达到700亿元新台币，荣膺2006年亚洲女首富。

随后围绕HTC自主品牌，王雪红展开了一系列思路清晰的战略调整，将原本散乱的品牌统一起来。

2007年5月，多普达国际股份有限公司被HTC收购，在大陆使用5年之久的多普达品牌就此淡出市场，旗下业务与HTC全面合并。2008年6月，宏达电子英文名称由原来的High Tech Computer Corporation更名为HTC Corporation。2010年7月27日，宏达电子正式以HTC品牌进军中国大陆。

伴随着品牌策略的调整，宏达电子依旧采取开放姿态，在巩固既有合作方的基础上，不断开拓新的客户资源。其中最关键的变化就是从单纯的微软移动系统转为安卓与微软移动双系统。这与王雪红一贯的兼容并包策略相一致，也让HTC获得了更广阔的生存空间。

早在诺基亚塞班系统和黑莓RIM系统大行其道的时候，王雪红唯独选中市场占有率不足5%的Windows Mobil系统，只因"当时我们就看出了智能型手机的发展方向，会往高阶运算去走！"正是通过Windows Mobil操作系统，HTC赢得大批商务用户的认可，与诺基亚分庭抗礼；搭载谷歌Android系统之后，诺基亚已日暮黄昏，HTC与苹果公司狭路相逢。

在行业变革中迅捷出击

2011年年底,这一纷争落下帷幕。美国国际贸易委员会裁定HTC并未在721号和983号两项专利上侵权苹果,推翻此前HTC侵犯苹果263号专利的判决,并修正了关于647号专利侵权的判决内容。至此,HTC初战告捷。王雪红说:"我相信,任何人都无法阻止HTC的创新和发展。"

不过,HTC真正的敌人也许不在外面,自身的瓶颈才是制约它进一步发展壮大的绊脚石。

狂飙增长过后,市场逐渐回归理性。千篇一律的机型、过大的功耗、比上不足比下有余的定位……HTC产品的问题逐渐浮出水面,随着智能手机市场的成熟与分化,面临多元选择的消费者日益挑剔,以往"打江山"的那套不足以应付新局面。

2013年第三季度,HTC首次出现季度亏损,净亏损29.7亿元新台币(约合1.01亿美元),市值缩水近90%。2014年第一季度,HTC继续亏损,亏损18.8亿元新台币(约合6206万美元),营收同比下降22.6%。

面对HTC持续下滑的业绩,王雪红重整旗鼓,信心满满。2015年3月,王雪红亲自出任HTC的CEO一职,原CEO周永明从台前走向幕后,专注于面向未来的产品和技术研发。王雪红说:"整个董事会和我都认为,这是一个在对的时间做出的战略性决定;这是一个确保HTC成功进入下一个10年成长阶段的重要决定。"

"我们应该记住两件最重要的事情。第一，昨天已经过去了；第二，我们现在必须适应这个各国互相依赖的世界。"

宗庆后：肉搏达能纪实

文/吴比　郭亮

很多年轻夫妇选择在2007年诞下后代，因为这一年是所谓的"金猪年"。大部分人都搞不懂这意味着什么，反正别人都说好，那就确定是好。

接着，经济学家就预言，到年底，中国的国内生产总值将不出意外地超过德国，成为美国、日本之后的全球第三大经济体。

在这样的热烈氛围中，包括官员、老百姓都变得志得意满，却并不明白他们宣称的强大和自己的现实生活有什么必然联系。

值得称赞的是，国家对于私有财产的保护正在加强。3月16日，中华人民共和国首部明确规定私有财产不得侵犯的法律《中华人民共和国物权法》颁布实施。

然而，其后的几年内，诸如强制拆迁的惨剧却仍然在屡屡上演。老百姓从来没有在新中国如此激烈地、被逼无奈地用生命去守卫自己的私有财产，用个人力量抗衡强大的国家。

即便如此，民族主义情绪仍然具有很大的市场。当宗庆后抛出捍卫"中国人的民族企业"这一口号时，应者如云，情绪激荡。

饮料大佬发家史

1998年的夏天，一种名为"非常可乐"的饮料由娃哈哈公司推出，很多人觉得这个不伦不类的可乐将迅速被可口和百事击败，但宗庆后让事实证明人们的看法都错了。

现在看来，宗庆后当时的想法确实有点痴人说梦："如果中国13亿多人，每人买一件我的产品……"，正当人们报以嘲笑的时候，宗庆后真的把这个梦呓变成了现实。鼎盛时期，娃哈哈的产品包括"非常可乐"已经达到了人均年消费10瓶的惊人销售量。2003年，公司营业收入突破100亿元大关，成为全球第五大饮料生产企业。

和企业家一样，中国企业在20世纪90年代意气风发，充满了商业觉醒时代的豪气与骄傲。一方面是频繁出现在世界各地招商引资活动中的中国官员，他们凭借手中几乎全部的生产要素和资源，以最低廉的价格吸引投资。另一方面，中国企业作为这种战略的践行者，与外来企业抢占、共享这些资源，并生产出世界上最廉价的产品。

20世纪90年代，那是一个充满财富机遇的时代，也是一个面临激烈竞争的时代。随着全方位、多层次的对外开放,中国经济与国际经济日益接轨,国内市场与国际市场水乳交融。市场的扩大与竞争的增强,创造出全新的商业环境。

以宗庆后为代表的一代企业家,他们辛苦经营了数十年的企业,在残酷而令人神往的竞争中获得的成果,这时显得神圣不可侵犯。他当然明白企业的崛起与丰富的要素资源之间的关系。最直白的表露是,这种资源化作了他口中的"国家""民族"等字眼。

和那一代人有一个共同点,宗庆后也未受过正规高等教育,但他做生意的眼光和为人之道却令人称奇。除了商业眼光,此人固执和勤勉的风格也奠定了日后创造一番伟业的基础。在中国的企业家队伍中,宗庆后被视作最勤奋的一个。一年365天,他有200天时间奔赴市场一线考察。

这种评定,既像是恭维,又透露着无奈。

由于祖父是张作霖手下的财政部长,父亲也在国民党政府当过职员,这样的家庭背景在新中国的处境可想而知。新中国成立后,宗家兄妹5人,只靠做小学教师的母亲一份微薄的工资度日。初中毕业后,宗庆后到了舟山马木农场,在一望无际的海滩上从事艰辛的晒盐工作。

1978年,33岁之际,他回到杭州,进入杭州工农校办纸箱厂当业务员。此后的9年里,宗庆后辗转于几家电器仪表厂和校办企业,郁郁不得志。

9年后,已过不惑的宗庆后承包了一家国有企业的经销部。在生活的压力之下每日疯狂工作,骑着三轮车送货,风雨无阻。送货过程中，他发现父母不愿意小孩子买小卖部的零食吃，因为这会降低孩子们的食欲。于是，他灵机一动想出了"儿童营养液"的主意。

1988年，宗庆后用通过卖练习簿和棒冰获得的满含艰辛的存款加上借款14万元，组织专家和科研人员，开发出了第一个专供儿童饮用的营养品——娃哈哈儿童营养液。随着"喝了娃哈哈，吃饭就是香"的广告铺天盖地而来，娃哈哈儿童营养液一夜蹿红。

3年后，就在邓小平南方讲话之前，宗庆后拿出8000万元巨款兼并同处杭州的国有老厂杭州罐头食品厂。又过3年，娃哈哈在宗庆后的奇巧营销模式下已经势头迅猛地成长起来。

1995年年底，由著名风险投资人徐新牵线，达能与娃哈哈达成了合资意向，由娃哈哈以现有厂房、设备、土地出资，百富勤、达能以现金投资组建5家合资公司。

引进外资，除了吸收国际资本的先进管理经验和赢利模式之外，一个重要原因还在于娃哈哈的产权厘清。娃哈哈的母体是宗庆后承包的校办企业，他的想法是，引入外资，进行一系列运作之后，脱离母体，成为合资公司。但他没料到，这成为日后达能与娃哈哈兵戎相见的起点。

在引入跨国公司以后，宗庆后在企业内的地位越发稳固。对此，宗庆后本人的回答直白无误："关键是你能不能赚钱。投资都要讲回报的，你做比他自己做挣钱多，他当然愿意让你干。"

这是一个勤勉加强硬、智慧加努力的故事，但宗庆后其人，却是在和达能撕破脸以后才引起公众广泛关注的企业家。

中国企业在20世纪90年代意气风发，充满了商业觉醒时代的豪气与骄傲。

撕破脸

宗庆后和范易谋都是致力于摧毁旧秩序、创造新制度的强人，但这并不能使他们从各自的旧传统束缚中解脱出来。当两位都执着地创造财富的强人之间出现意见分歧时，又都以各自的传统来反击对方。

即便强硬，宗庆后也不过是一个成功的商人，他并非神灵。在引入达能的时候，宗老板并未预料到很久以后让他伤肝动火的一幕。

娃哈哈与达能之间的恩怨纠葛始于1996年成立的5家合资公司。这个纠葛的最终爆发却是11年后。

2007年年初，有媒体披露宗庆后对11年前签署的合资合同心生悔意。他出语直白，剑指达能。

"由于当时对商标、品牌的意义认识不清，使得娃哈哈的发展陷入了达能精心设下的圈套。"几天后，他在新浪网参加在线访谈，九成以上的网民赞同与达能解约，宗庆后发现了民众的力量。

达能方面，亚太区总裁范易谋正式出面应战。他措辞强硬，声称宗庆后一直在搞"体外活动"，先后设立了60多家非合资企业,这些由宗氏家族掌控的"体外"项目规模及经营业绩远超合资企业。

作为达能亚太区总裁,范易谋咬牙切齿地宣称,要让宗庆后的余生在诉讼的煎熬中度过。

双方火药味十足,很快到了难以调和的地步。宗庆后宣布辞去董事长职务,娃哈哈员工和经销商们相继发表了义愤填膺、江湖气味十足的公开信,甚至还有员工在董事会议的门口拉横幅抗议。

出现这种状况的原因在于,此前经过迅猛发展之后,中国企业有些内外交困的意味。经过近30年的改革开放,从最初的不可一世到了此时的问题层出不穷,中国产品的漏洞百出和中国民营企业家的目光短浅屡遭诟病。与此对应,国际巨头的渗入造成了一种新的局面——外企不可一世,民企则陷入道德怀疑的漩涡。

可想而知,宗庆后和达能撕破脸之后祭出民族主义的大旗实属无奈,否则没有胜算。

达能则正像范易谋所言,正式向瑞典斯德哥尔摩法庭提起国际诉讼。事实上,达能在范易谋入主亚太区之前,一直引而不发。直到2005年夏天,作为大股东的达能,始终默认一个事实:把管理大权交给宗庆后,自己能够坐享其成,自然对后者的"非法活动"不闻不问。

本来就危机重重的制衡状态最终被范易谋这个40岁出头的法国人彻底打破。

范易谋于1997年进入达能集团,当时负责领导公司的并购和市场战略等部门,后担任集团首席财务官。因其才干,得到达能董事长充分信任,于2005年7月1日被派往新加坡,担任亚太区总裁。

范易谋上任之后，第一把火就是将亚太区总部从新加坡迁往上海，然后不动声地展开对娃哈哈非合资企业的调查。调查发现，宗庆后自与达能合资以来一直大力发展非合资公司，当时已达40多家，总资产近60亿元，年销售额过10亿元，这个数字让范易谋大吃一惊。

这个严谨而固执的法国人无法容忍，或者说，他的出现本身就意味着达能集团与娃哈哈的决裂。

当范易谋直接发难之时，一直认为理所当然的宗庆后意识到问题的严重性。他在2006年年底草签了协议，同意将其控制的非合资企业的控股权出售给达能。这也成了后来民族主义者对范易谋的诟病所在，大家都认为范易谋妄图用阴谋将宗庆后拉下台，然后独吞娃哈哈。

在作出这一决定之后，达能暂时偃旗息鼓。宗庆后岂肯罢休。在他看来，10年前因为急于解决产权问题，加之自己一时疏忽，签订了不平等的合作协议，让达能独占了娃哈哈商标使用权。现在，对方要反客为主，普天之下，岂有此理？

越想越气，也越说越气的宗庆后，多番思虑以后，悍然撕毁约定，并发起了保卫娃哈哈的"民族战争"。

这是双方的首次交锋，范易谋的做法是职业经理人的权责，既然调查表明宗庆后侵犯了公司利益，于是不惜对宗庆后突然发难；而宗庆后不甘心一手缔造的娃哈哈旁落他人，他破釜沉舟，作好了以命相搏的准备。

宗庆后的撒手锏

毫无疑问，范易谋是一位称职的职业经理人，可惜他不是中国通。

美国未来学家约翰·奈斯比特在《大趋势》中说："我们应该记住两件最重要的事情。第一，昨天已经过去了；第二，我们现在必须适应这个各国互相依赖的世界。"

对于中国的大多数民营企业而言，"互相依赖的世界"对自身问题的解决于事无补。他们更仰仗本土情愫对企业的全面支持。

在"达娃之争"中，无论社会舆论还是员工情绪、管理层态度，大家一致认为达能是篡权者，狼子野心，千夫所指。倏忽之间，孤立无援的达能，即便能够在国际业界叱咤风云，也难敌修炼得道的宗氏家族。

转念一想，达能其实不吃亏，即便全面退股，或者非控股合资都会狂赚一笔。而宗庆后即便重获娃哈哈控制权，也注定要为自己的成长交纳学费。

宗庆后当然愿意缴纳这笔学费。娃哈哈对于他而言，就是生命，是他需要用余生去控制方向的航船。

事态升级之后，宗庆后在做客新浪聊天室时表示："中国人站起来了，中国现在不是八国联军侵略的时代了，中国人有自己的国格、人格，你别老是以统治者的口气说话，越是这样，越会引起我们的愤慨。"

此招一出，无人匹敌。无论是哪个国家被扣上了这个帽子，在全中国的老百姓心中就是死路一条。

范易谋当然不明白，每当外国企业试图利用法律和商业信念击败中国企业的时候，人民战争的汪洋大海对不可一世的外国企业意味着什么。遥想当年，新东方和美国考试中心激斗、海信被西门子在欧洲抢注等中外企业利益之争，中方企业背后的广大群情激奋的民众始终扮演"坚实后盾"的角色。

于是，当矛盾显现之后，以退为进的宗庆后完全掌控了局势。

宗庆后对娃哈哈可谓呕心沥血。"幸好经营权一直都在我的掌控中，销售团队也在我手中。"

这是个典型的个人英雄式的企业，在这类企业中居功至伟的第一代创业者具有非凡控制力，集权程度远超过一般企业。销售人员对宗庆后的声援，更是让范易谋不知所措："宗总，我们是您的子弟兵，我们将永远跟随着您！达能，我们很愤慨！宗总，请您放心，您到哪里我们就到哪里，您指到哪里我们就会打到哪里，我们永远是您的那一支'拉得出、打得响'的子弟兵。"

宗庆后一开始便为这场利益之争树起了"保护民族品牌"的大旗，这对于因为经济持续高速发展且民族自信心大增的国人来说，无疑具有巨大的煽动力。

一时众情汹涌，像健力宝之类的中国知名民族企业纷纷发信驰援，甚至有专家高声呐喊："本民族品牌到了最危险的时候了！"

宗庆后聪明地把民族情感、公司利益、经销商利益和自己个人的利益捆绑在了一起，掀起了"人民战争"的狂澜。

至此，一步步深陷泥潭的范易谋却"不知悔改"，他固执地相信，证据确凿，达能怎么会败？于是，得理不饶人的范易谋企图把宗庆后逼进死角。他采取了一系列强硬的措施：对宗庆后发出30天

> 当两位都执著地创造财富的强人之间出现意见分歧时,又都以各自的传统来反击对方。

最后通牒,要求其对非合资公司采取行动;在宗庆后辞职后,又不经中方董事同意即火速抢占合资公司董事长一职;发动大规模的法律诉讼,并把宗庆后个人及其妻女告上了法庭;准备对公司实施清洗政策,要求撤换娃哈哈合资公司300名经理人……

此举自然深深伤害了宗庆后和他的家人,也激起了娃哈哈职工、经销商及公众的愤慨。于是,争斗迅速从利益之争滑向关于面子的意气之争。

范易谋何许人?一个44岁的法国人要在中国将一个比自己年长20岁的中国人拉下马,谈何容易?

对手

2005年,范易谋就任亚太区总裁时,他把达能亚太区总部从新加坡搬到了上海。在搬到上海的同时,他取了这个中国名字,刻了一个篆体印章,拒绝了高档的国际公寓,搬进一个有些破旧的上海弄堂。显然,他期待这种安排能让自己尽快融入中国,了解中国人,以帮助达能的业务在中国更快地扩张。当他怀着激动的心情踏上中国的土地之时，他肯定想不到，3年后他自己会卷入一场空前的商业纠纷中，并成为最后的出局者。

事实上，尽管他住在中国人的社群里，却远远没有了解中国。

在宗庆后高举民族主义的大旗摒弃达能的时候，范易谋的确有些迷茫和憔悴。在与记者的数次见面中，他一再强调，达能从未有过夺走娃哈哈的想法，它永远是中国人的品牌。他不明白，为什么中国普通民众，竟然如此拥戴一个和自己实质上无任何联系的企业。

双方撕破脸以后，达能与娃哈哈激烈的口水战和法律交锋中，范易谋与宗庆后一样显现了强硬到底的姿态。这个不懂得妥协，喜欢用数字和文件等事实说话的法国人，在事态刚爆发的时候似乎占了上风。

宗庆后愤而辞去合资公司董事长之职时，达能并未挽留，范易谋亲自担任董事长。宗庆后本来只想用辞职警告达能，但达能似乎没有领会这个意图。

入主亚太达能的3年来，范易谋一直稳坐泰山，直到与宗庆后爆发了合资公司股权之争，他才走上前台。他用强硬的手段和令人眼花缭乱的法律诉讼将强人宗庆后推向了一个前所未有的危局之中，同时也让自己陷于四面埋伏。

2008年年初的上海，雾气如硝烟一样笼罩着城区，一大早，范易谋就到了总部办公室。在这个早晨的片刻沉思后，他将一份文件分别传真给了达能中国区主席秦鹏、杭州娃哈哈董事长宗庆后等人。

他认输了，宣布自己辞去娃哈哈合资公司董事长的职位。

此后，达能与娃哈哈进行了首次和谈，地点是北京。会议由商务部和法国驻华大使馆共同主持，范易谋和宗庆后均未出席，代表他们的是双方公司的高层管理者。

一位与会者回忆，在当天的会谈中，达能提出了和谈的大框架，总目标是将所有合资与非合资公司重新整合，组成一家新的公司并实现上市。但整合后的公司由谁执掌，却争论不下。谈判就此不了了之。

一场惨胜

范易谋与宗庆后的战争，可以视作职业经理人和民营企业家的纷争。

作为职业经理人，范易谋是称职且出色的，但作为亚太区总裁，他却以一味强硬的个性挑起争端，最终无法掌控从而让自己也殒命其中。

最终，这场正面交锋以宗庆后的胜利告终，当然，是一场惨胜。

2009年9月30日，达能发布公告，言之凿凿。"达能与娃哈哈已达成友好和解方案。作为和解方案的一部分，达能和娃哈哈将终止其现有的合资关系。达能同意将其在各家"达能·娃哈哈"合资公司中的51%的股权出售给中方合资伙伴。"

即便如此，3年的官司缠身也在一定程度上制约了娃哈哈的发展。

中国企业发展初期，曾经无限欢迎外国战略合作者；各级政府、行业管理部门也将引入外资作为衡量其政绩的重要指标。然而，随着凯雷以20亿元低价收购徐工机械82%的股权等一系列并购事件的爆发，中国人发现，外资队伍是一把危险的双刃剑。

达能在相继持有乐百氏92%股权、光明20%股权、汇源22%股权之后，一度垄断了中国饮料市场。但是，达能的目标并非不断整合品牌，提升企业的潜力。作为国际投资者，它们的目标再明显不过，无非是转手套现。事实上，被其收购的大多中国企业，业绩不升反降。这也难怪宗庆后以及很多民营企业老总们认定，达能不过是通过资本运作以谋求巨额利益的"国际玩家"。

宗庆后的惨胜给了中国民企一个新的命题——民企与外资合作，不能盲目虚荣，而是应当建立在目标明确、契约分明的基础之上；而外资企业，一方面要懂得用中国思维考虑问题，另一方面，一味收购套利的做法不会有好的结果。

值得记忆的是，"达娃之争"中敢于回击的中国民企，仿佛又回到了百年前那个炮火纷飞的战乱时代。由此，高昂的民族情绪将所有商业有关的因素再度掩盖，这令发生在2007年的这个故事变得更加扑朔迷离。

他并没有把创业当成一件严肃的事情，而是用轻松的心态经营。在他看来，创业是使生命效率最大化的一种途径，而既有的成功只不过是下一次起跑的开始。

卡梅伦·约翰逊：生意无大小，创业无优劣

文/陆新之　邓鹏

他9岁开始创业，19岁赚到人生第一个100万美元，21岁时，已经成为12家公司的创始人。他，就是卡梅伦·约翰逊，一个美国的80后青年，一个从小生意成长起来的"创业神童"。在"美国十大杰出青年""最成功的青年创业家"的光环背后，他有着怎样的创业历程和感悟？

1984年，卡梅伦·约翰逊出生于弗吉尼亚州南部的一个商人家庭。他的父亲经营着祖上的福特汽车经销店，母亲则打理一家年销售额3000万美元的食品批发公司。卡梅伦出生不久，母亲把公司卖给了美国食品服务公司，帮助父亲照料生意。卡梅伦记事起，便经常跟随父母出差。他虽然听不懂大人们的谈话，但在长期的家庭熏陶中，对生意场逐渐熟悉起来。

卡梅伦从小就对做生意有着浓厚的兴趣，并表现出良好的创业潜质。1991年夏天，卡梅伦从曾祖父母的农场带回一些番茄，准备卖给周围的邻居。他用小推车推着一车番茄，挨家挨户去推销。每个番茄定价1美元，谢绝讲价，因为它们足够新鲜味美。没用多久，整车番茄便销售一空。

天气逐渐炎热起来，一些小孩在街道上摆摊卖柠檬水。卡梅伦发现，他们常常花费半天时间，却卖不出多少柠檬水。他认为品种太过单一，吸引不了行人注意。卡梅伦想了一个事半功倍的主意，他在街上摆了一个小摊，除了柠檬水，还卖其他食品，比如松饼、蛋糕、巧克力，等等，柠檬水的定价比其他小孩稍低一些。这样一来，成功地把行人吸引过来，不仅柠檬水全部卖光，其他商品也一件不剩。长此以往，其他小孩竞争不过，纷纷撤出摊位。

卡梅伦成了社区最大的柠檬水经销商。但随着夏天的过去，柠檬水市场萎缩，他开始寻找"一整年都能赚到零花钱"的生意。他有许多旧物，想到也许有人愿意花钱买，便决定搞一个拍卖会。

卡梅伦在自家地下室举行拍卖会，邀请周围的小朋友过来捧场，拍卖会大获成功，卖出了许多旧物。后来，卡梅伦自己的旧物所剩无几了，便转而做中介，帮助朋友们拍卖他们的物品，收取佣金。

拍卖会成为固定生意，一连持续三年，其中利润最高的是毛绒玩具。这个发现源于他一次玩游戏的经历：当地游戏厅有这样一种游戏形式，每次花费25美分硬币，就可以获得一次用机器夹玩具的机会，夹到即归自己。卡梅伦发现了一个容易得手的机器，他从这台机器上悄无声息地赢回了上百个毛绒玩具，然后在拍卖会上以三五美元的价格卖出去，着实赚了一笔。

无论卖番茄、柠檬水，还是卖旧货、举办拍卖会，以及毛绒玩具，卡梅伦创业的每一个脚印其实都是始于生活中的微小事物。作为小孩童，他当然没有多大的野心，但是他的商业嗅觉却得到了提高，从细微处入手，尝试着沟通、推销、设计与生产，一步一步将生意做成。

更关键的是，正是这些不起眼的平常之物，培养了卡梅伦对生活的洞察力和对现实的感知力。所以，他总能从前一个生意中发现下一个商机。

先做稳，再做大

1993年圣诞节，卡梅伦收到了一台康柏电脑和一台打印机，作为礼物。他立即迷上了这两件东西，从早上一直摸索到半夜。当母亲去催他睡觉的时候，他居然从中找到了"生意经"。

原来，整个白天，卡梅伦用电脑上附带的Print Shop Deluxe软件自己绘制了一些贺卡与信纸，又用打印机将它们打印出来。他认为可以将它们作为商品出售，还特地制作了一份完整的价格表。

第二天，在母亲的鼓励下，卡梅伦设计了一些贺卡，邀请亲戚朋友们来参加母亲的生日派对。第一单生意顺利开张，卡梅伦马不停蹄地制作了2000多张贺卡、信纸、名片，在此基础上，他创办了自己的第一家公司，笑与泪印刷公司（Cheers&Tears Printing）。

卡梅伦没钱做广告，只得采取最简单、最基本的方式拓展市场：跑到邻居和亲戚家，面对面地推销。卖番茄时他就是这么干的，显然他从中获得了某种有益的经验。在熟人圈子里利用口碑传播，不失为一种打开局面的好办法。社会上不缺少类似的公司，但当人们真正需要的时候，往往喜欢就近选择信誉良好的公司，而名片、贺卡、信纸等小产品几乎是每个家庭的必备之物。由于质量相差无几，人们更注重设计形式，所以亲朋好友乐意购买卡梅伦的产品，接着又推荐给朋友。

一年时间，凭借口口相传，客户群稳定增长，笑与泪印刷公司业务逐步扩大。与此同时，卡梅伦开始被外界关注。1995年2月，他的故事登上《儿童世界杂志》封面，整个地区的学生都看到了。一年后，地区报社记者对卡梅伦进行采访，写了一篇正式报道，这起到了免费广告的作用。报道刊出不久，卡梅伦家的电话几乎被打爆了，成千上万的人们希望从笑与泪印刷公司订购名片、贺卡和信纸，以至于父亲不得不专门为他安装了一步电话分机。

卡梅伦迅速成名，越来越多的媒体要求采访他，他将此视为免费宣传公司的良机，来者不拒。

相比商业广告，媒体公开报道有两个显而易见的优点：第一，无须花钱；第二，具有公信度。卡梅伦小小年纪就知道借力打力，当然不是天生如此。因为除此之外，别无选择，公司的收入还不足以在媒体上投放广告。然而，随着曝光度的增加，笑与泪印刷公司小有名气，生意蒸蒸日上。当卡梅伦有能力大力宣传的时候，他并没有急着将钱花出去，也没有大手大脚地为自己购买礼物，而是用来升级电脑和打印设备，扩大生产能力，使公司进入良性循环。

在总结笑与泪印刷公司的成功经验时，卡梅伦认为最重要的一点就是：量入为出，保证盈利。小本生意决定了创业者必须考虑现金流，关注每一笔支出，时时做出调整，以便高效利用每一分钱。

通常认为，创业者用一个好点子拉来风险投资是常规的创业路径，至于日后创业能否成功则是另一个话题。卡梅伦认为，财务健康是企业迅速壮大的捷径，与其追求速度，不如先做稳再求大。

与大多数创业者不同，卡梅伦始终坚持稳扎稳打的发展策略。他认为，如非必需，尽量不要引入外部投资，甚至不要从银行贷款。尽管这听起来过于理想化，不可否认的是，资金的充裕可能会令创业者放松对现金流的重视，使其为了迅速占领市场养成花钱如水的习惯，不知不觉在资本泥潭中越陷越深。如果一家富有前景的创业型企业因此夭折，显然不失为一个悲剧。

掐准时机，进退有度

1996年的一天，卡梅伦把妹妹的豆豆公仔挂到eBay（易贝，下同）拍卖，不料，原价100美元的公仔竟被人以1000美元的出价拍走。12岁的卡梅伦当即意识到，"这里面大有商机可挖"。

卡梅伦在网上不动声色地搜寻豆豆公仔制造商，然后按照网上披露的地址，写信申请做它们的零售商。很快他便找到一家愿意合作的工厂，订购了第一批2000个豆豆公仔，一部分挂到eBay出售，另一部分放到之前为笑与泪印刷公司搭建的网站上，继续沿用"笑与泪"这个名字。

在当时，电子商务还是新奇事物，公仔制造商尚未建立自己的

> 卡梅伦创业的每一个脚印其实都是始于生活中的微小事物。

网站，大部分销售发生在线下，所以才会在eBay出现1000美元的拍卖价。卡梅伦理所当然地成为公仔网络销售中的主角。

卡梅伦每天至少接到40笔订单，仅一个月，第一批2000个豆豆公仔就销售一空。他又批发了几千只公仔，转眼间又卖光了。于是他和更多的生产商建立合作，成为五家公仔制造商的代理商。每个豆豆公仔进价2.5美元，卡梅伦以5到20美元零售，个别情况下可以卖到50美元以上。

卡梅伦从互联网上接受订单，每天睡觉之前把所有订单打包，包裹上贴着他自己设计制作的标签，这样看起来更加专业一些。第二天，赶在邮局关门前将这些包裹全部寄出。

生意就这样有条不紊地进行着。网络上开始出现其他公仔零售商。为了增加竞争力，卡梅伦一次性尽可能多地进货，以便压低进货价，使出货价更有优势。与此同时，卡梅伦还在网上高价收购一些稀缺豆豆公仔，这是为了以更高的价格卖给公仔收藏者，他们肯花1000美元买一个限量版公仔。

到1997年中期，笑与泪网站成为美国第二大豆豆公仔网上经销商。生意最好时，每月销售额可达1.5万美元。1997年，卡梅伦在这笔生意上赚了5万美元，这时，他不过13岁。

销售旺季过后，1997年秋天，卡梅伦减少了豆豆公仔的进货量。第二年，他关闭了笑与泪网站。1999年又把专门经营批发生意的另一家网站出售给他人，完全退出了这个领域。

当时豆豆公仔在美国的销量达到历史新高，卡梅伦却从中察觉到危险的讯号。作为业内人士，不难发现豆豆公仔存在投资泡沫——无数公司囤积了成千上万只豆豆绝版公仔，通过人为炒作抬高市价，希望从中大捞一笔。卡梅伦年纪轻轻，却懂得适时收手，他掐准时机，全身而退。

整合资源，为我所用

1998年，卡梅伦一面从豆豆公仔领域撤离，一面寻找新生意。他从互联网热潮中再一次发现了商机。

随着电子邮件开始流行，垃圾邮件应运而生，成为困扰人们的一个问题。当时的电子邮件运营商还没有垃圾邮件清理服务，备受垃圾邮件困扰的卡梅伦决定自己开发一种免遭垃圾邮件骚扰的服务。

卡梅伦准备开办一家新公司MyEZMail，向注册用户提供电子邮件转发服务。一旦注册成为MyEZMail用户，用户真实的电子邮件地址即受到保护，被隐藏起来，同时可以拥有一个以"@myezmail.com"为后缀的邮箱作为收信地址。通过这个邮箱，过滤垃圾邮件，将真实有效的邮件发送到用户常用邮箱，免除用户邮箱地址泄露遭受垃圾邮件骚扰的后顾之忧。

在盈利模式上，卡梅伦决定采取免费策略，吸引用户注册，然后通过广告来赚钱。用户量越大，点击率越高，对广告商的吸引力就越大，从而可以抬高议价能力，说服他们花更多的钱来投放广告。

以上只是卡梅伦的商业构思，将之变为现实离不开一套阻拦垃圾邮件的专业软件。卡梅伦并非编程高手，不得不另外雇用专业人士，他在网上找到了一个程序员。卡梅伦与他签署了一份合同，以2500美元雇他编写这样一套软件，首付25%，完成一半时再付50%，交工后支付剩余报酬。

2500美元不是小数目，那几乎是卡梅伦能拿出来的所有流动资金。他对风险进行了全面、仔细的审慎评估，认为这项生意在客观上存在广泛需求，值得放手一搏，于是将所有钱都拿来运作这个项目。没过多久，卡梅伦得到了他想要的软件，MyEZMail公司开始正式运营了。短短几周时间，注册用户便突破了600人，还有几十家广告商付费投放网络广告。

随着业务量的攀升，卡梅伦一人完全应付不来，他专门雇用了一家媒体公司作为广告代理商。在合作方式上，按照有效业务量计算报酬。具体而言，每拉来一条广告对方抽取35%的广告费作为佣金。与此同时，卡梅伦花费2000美元，买来一套自动注册系统，将网站升级到自动运营模式。

一年之后，MyEZMail注册用户突破了1万人，公司进入实质性盈利阶段。源源不断的网络广告让卡梅伦轻松收回了前期4500美元的投入，每月仅需支出15美元服务器代管费，剩下的事情完全不用卡梅伦操心。广告交给媒体公司代理，网站自动运行，卡梅伦坐着就能收钱了。

从一个好点子到一门"坐地收金"的好生意，少年卡梅伦只花了4500美元和不到一年的时间，便完成了这个跨越。这个过程中，最关键的是分工与协作，卡梅伦懂得把专业的事情交给专业机构去做，整合各方资源为我所用，从而迅速搭建起了运营平台。如果事必躬亲，成功不会来得这么容易。

在现有基础上寻找商机

MyEZMail之后，卡梅伦又顺便创办了MyEZShop。MyEZShop可以说"得来全不费功夫"。

1999年，亚马逊公司推出一项旨在扩大市场份额的"伙伴计划"：凡与亚马逊建立伙伴关系的网站，均可以出售亚马逊上的一切商品，亚马逊拿出销售额的一小部分，作为分成给这些合作伙伴。

此时MyEZMail已经积累了可观的客户群，卡梅伦认为应该好好利用这笔资源，他想到了亚马逊的"伙伴计划"。为何不专门开辟一个购物网站，将MyEZMail的客户群嫁接过来呢？

卡梅伦有些编程基础，完全能够应付局面。他自行搭建了一个网站框架，然后申请成为亚马逊、巴诺书店、奥马哈牛排等网上商店的伙伴，把它们的地址链接到网页的左侧，将广告排列在右侧，中间是"本周店铺"，这就是MyEZShop。卡梅伦与65家网络商店建立伙伴关系，涉及玩具、图书、旅游用品等门类，俨然一个专业的购物网站。1995年5月，网站正式张开。

MyEZShop其实起到了中间推广的作用，运营成本几乎为零，它所做的只是将尽可能多的用户引向网上商店，并达成实际交易。通过MyEZShop上的链接，用户从亚马逊等网站每购买一件商品，卡梅伦将获得2%~3%的提成。尽管每笔交易分成并不多，但只要提高交易量，收入就很可观了。

当然，这需要大量的客户基础。卡梅伦决定在MyEZMail网站添加MyEZShop链接，为其免费做广告，希望把MyEZMail的用户吸引过来。这个办法很奏效。MyEZShop的交易额迅速攀升至每月两三万美元，卡梅伦月收入在600至1000美元，加上广告收入全年可赚1.5万美元。

MyEZShop问世不久，竞争者出现了，一夜之间涌出几十个类似网站，疯狂抢占市场份额。卡梅伦并未加入厮杀，而是任其自由发展。依靠稳定的客户基础，MyEZShop保持稳定的盈利。直到2000年，卡梅伦才将MyEZShop转手卖给别人，后来MyEZShop转型为网络服务供应商。

2001年，卡梅伦把MyEZMail也卖了，它后来从电子邮件服务商转型为搜索门户网站。

谨慎挑选你信得过的人

为什么把尚在盈利的两个网站卖掉呢？原来，卡梅伦找到了一个更有意思的项目：网站设计。

> 资金的充裕可能会令创业者放松对现金流的重视，使其为了迅速占领市场养成花钱如水的习惯，不知不觉在资本泥潭中越陷越深。

随着互联网的蓬勃发展，越来越多的公司开始希望拥有自己的网站，客观上存在着大量硬性需求，使网站设计兴盛起来。1999年，卡梅伦创办了一家网站设计公司，取名为"e鸣惊人"（EmazingSites），他还想了一个振奋人心的口号："我们能让您的网站e鸣惊人"。

卡梅伦将客户群对准那些还没有网站的小公司，它们对网站设计的技术要求较低，卡梅伦自己一个人就能完成。工作量增加之后，卡梅伦开始聘请一些临时员工，大多数是他之前结识的网站设计师。后来，网站设计变得复杂起来，需要专业化的人士来操作，卡梅伦便组建了一支团队。

为了吸引高手加入，卡梅伦除了提供有竞争力的薪酬，还分出小额股权作为激励。他不再把公司当成私人财产，而是学着与整个团队"分享所有权"，一起将公司做大做强。这标志着卡梅伦开始从创业者向管理者转变。然而在这个过程中，一些别有用心的人混进了团队，损害了公司的利益。在将其驱逐出去后，卡梅伦得到了一个教训——"谨慎挑选你信得过的人"。

卡梅伦意识到，组建有竞争力的团队并不只是将一批聪明人召集在一起那么简单。如果不能保证团队的凝聚力，即便再多的聪明人，也不可能形成合力。如此一来，不但难以发挥集合效应，还可能影响团队的整体实力。因此，此后每遇到一个求职者，卡梅伦都会在心里自问："我们是不是适合在一起工作，能够闯出什么大名堂？"精挑细选，他组建了一支气质相投的团队。

网页设计属于创业产业，成本不过是时间、精力和技术，只要拿得出优秀的产品，不难保持较高的收益。在团队的协作下，EmazingSites持续运营了好多年，逐渐成为行业内的知名品牌，从单纯的网页设计扩展到集多种网络产品和服务为一体的综合性网站，最后被卡梅伦卖掉。

善于利用声势

2003年秋，卡梅伦·约翰逊进入弗吉尼亚理工大学。入学不久，他便捕捉到一个创业灵感。

当时美国社会正盛行礼品卡，卡梅伦也收到许多亲戚朋友赠送的购物卡。由于身在学校，而其中一部分礼品卡只能在家周边的商店使用，还有一部分卡梅伦压根不喜欢，也不打算用来消费。这样一来，这些礼品卡便成了闲置资产，扔掉不免可惜，不扔又没有好方式来处理。

卡梅伦了解到，大多数美国人都存在这种苦恼。人们常用的办法是，把暂时不能用或不喜欢的礼品卡直接丢到抽屉里，直到几年后渐渐淡忘，再翻出来时只能当做废品处理。结合自身经历，卡梅伦心想："能不能从这些被遗弃的礼品卡中挖掘些商业价值呢？"

比如将它们兑换成现金，或者用得着的礼品卡。在随后的调查中，卡梅伦发现了一件怪事：许多人在网上自行拍卖礼品卡，但并没有任何一家专门的礼品卡交易网站。他由此判断，礼品卡交易网站将大有前途。

卡梅伦还发现，几乎每家商店、餐厅、公司都提供礼品卡。在圣诞和新年期间，约有70%的消费者收到或送出至少一张礼品卡。粗略估算，这个行业市值高达400亿美元。卡梅伦决定放手一搏，他找来一个做网站设计师的朋友纳特·特纳，合伙搭建"卡卡交易网"。

特纳当时只是一名高中生，经营着全美最大的爬行动物交易网站，他曾经以3万美元的高价卖出一条蛇。接到卡梅伦的邮件，特纳当即回复："这是个伟大的主意！我愿意和你一起做。"两人分工如下：卡梅伦负责统筹全局，主管营销、推广；特纳负责技术协调。为了尽快做好网站，他们找来一个设计师做前端网站设计，一个设计师负责后端技术问题，特纳进行统筹。

与此同时，卡梅伦和特纳拿出大笔资金，采购数百种礼品卡，只等网站开张后上线交易。

为了制造声势，卡梅伦拿出1.5万美元，雇用一家大型公关公司进行了为期三个月的公关活动。公关活动成效显著，网站正式上线前，卡梅伦以创业明星的姿态频频曝光，美国大小报刊上充斥着关于他的网站的各类报道。置身聚光灯下，卡梅伦游刃有余，娴熟地为自己的网站制造声势。

2003年12月15日，圣诞节来临之前，"卡卡交易网"（CertificateSwap.com）正式上线。一时间，吸引了全美各大媒体的关注。《今日美国》《纽约时报》《时代周刊》《新闻周刊》等报刊不惜笔墨，而CNN、CBS等广播公司也不厌其烦地报道卡梅伦和他的新业务。

通过铺天盖地的媒体报道，"卡卡交易网"被成百上千万美国民众记住，生意好得一塌糊涂，上线第1周访问量便突破10万人大关，卡梅伦和特纳囤积的数千张礼品卡转眼之间销售一空。随着越来越多的人注册为会员并进行实际交易，"卡卡交易网"的议价能力与日俱增。卡梅伦成功说服礼品卡经销商授予委托销售权，等到卖出礼品卡后再进行结算，资金压力骤然缓解。后来，各行各业的商家主动委托"卡卡交易网"销售他们的礼品卡，不惜给出大幅折扣。

就连卡梅伦也没有料到，1.5万美元的公关费居然产生如此巨大的成效。"卡卡交易网"成功起飞，一夜之间红遍美国。这虽与其行业独创性密不可分，但同样离不开公关造势。比起动辄数十万甚至上百万美元的广告费，1.5万美元简直不值一提，但一经使用得法，却能事半功倍。

不必留恋一时成功

在经营"卡卡交易网"的期间，卡梅伦与特纳又创立了一家网站："真实奖励网"（Trueloot）。

从本质上讲，"真实奖励网"其实是一家广告运营商。它的运营模式是：用户注册时提交一份兴趣清单，注册成功后会收到一定数量与兴趣相关的邮件广告,可以选择观看,也可拒绝接受。不过,多数用户都会选择接受并浏览广告,因为点击观看的广告越多,账户中的点数越多,而这些点数是可以兑换现金的。付费请用户看广告,这就是"真实奖励网"的商业精髓所在。

可以说,"真实奖励网"生逢其时。2004年前后,互联网经济的复苏催生了互联网广告的再次繁荣,各式各样的互联网广告形式应运而生。在这样的大背景下,广告商愿意花更多的钱投放网络广告。卡梅伦与特纳正是抓住了这个机会,不失时机地推出了"真实奖励网"。

为了拓展业务范畴,卡梅伦计划开展手机接收项目,向注册用户手机中固定投放符合其兴趣的广告信息。这等于把网络广告移植到手机上,要知道那可是2004年,手机上网还是一件奢侈之事。手机号码的针对性无疑会使投放效果获得提升。这个项目的开展,需要技术支持和用户的首肯,但前景广阔。据粗略估算,行业价值不低于150亿美元。然而,计划尚未全面实施,卡梅伦和特纳便将"真实奖励网"转手卖予他人。对他们来说,这是家常便饭,毫不觉得可惜。

卡梅伦和特纳最初并不打算卖掉"真实奖励网",最后选择这么做,多少受到媒体报道的影响,

2004年7月,"真实奖励网"上线。当时卡梅伦恰好接到一档电视节目的专访邀请,他灵机一动,在电视上直播"真实奖励网"的开张仪式。结果,"真实奖励网"变得和那当著名访谈节目一样出名。人们第一次听说收看广告还可以赚钱,纷纷注册加入,一探究竟。到了9月份,"真实奖励网"注册会员达到5000名。这时,卡梅

伦和特纳业务繁重，无暇同时管理两家网站。在年底，他们公开拍卖"真实奖励网"，把它卖给了出价最高的竞拍者。

  时至今日，而立之年的卡梅伦已经成功创办了十几家企业。从他9岁算起，平均不到2年便创建一家公司，如此高的频率似乎可以表明，创业已经融入他的生活。卡梅伦总是源源不断地产生新的灵感，并勇敢地付诸实践。他并没有把创业当成一件严肃的事情，而是用轻松的心态经营。在他看来，创业是使生命效率最大化的一种途径，而既有的成功只不过是下一次起跑的开始，这注定了他不会在一家企业上花费太长的时间。也许，这就是他能连续创业成功的内在特质。

相比中国其他互联网巨头,豆瓣的商业化之路确实走得慢,利益上也没有一飞冲天的迹象,甚至连每年的营收情况对外界来说都是一个谜。杨勃认为这是豆瓣的幸运之处:一直能用自己的节奏来做事。

杨勃:豆瓣的小资十年

文/曾宪皓

纵观中国互联网,每个网络产品多少都带着国外成功先例的影子。腾讯QQ之于ICQ,百度搜索之于Google,淘宝网之于ebay等,唯独豆瓣是个例外。豆瓣网的构想最初是由杨勃一个人泡在星巴克里写出来的。

杨勃的个人趣味与豆瓣的文艺气质

说起豆瓣网,人们自然联想到的是小清新、文艺范儿这类词。乍眼一看,豆瓣网的界面确实很配这些称号:素白的页面,清新的绿色边框和链接字体,给人干净文雅的感觉。一个网站的气质很大程度上取决于其创始人，豆瓣的文艺气质当然离不开其创始人杨勃的个人趣味。但在杨勃看来，豆瓣网在大众视野中的定位并非自己刻意为之，而是用户的共同作用所决定的。

杨勃是个名副其实的优等生。清华大学物理系的高才生，又在加州大学拿到物理学博士学位，毕业后在美国担任了IBM的顾问科学家。这在外人看来是一条很舒坦的人生道路，杨勃却不满足于这样的工作："在IBM，你可以看到数十年后的发展职位，甚至退休后可以赚到多少钱"。恰巧，2000年的归国创业大潮兴起，杨勃再也耐不住了，辞职回国。归国后，杨勃加入了清华大学同学的创业团队，在供应链公司快步易捷任CTO。如愿地开始创业了，他却不认为这就是自己想做的事。看着北京的街头随处可见互联网公司的广告，这些风风火火的画面让他觉得生活在巨大的泡沫，他想着要做些什么了，但又没想好到底要做些什么。

2004年，杨勃离开了快步易捷，去美国转了一圈"找感觉"。7月中旬，他去到华尔街一家企业面试，据他回忆："面试官也是个华人，他说很羡慕我，有在大陆创业的经验，问我为什么不留在大陆继续创业，留在华尔街很安逸，但却没有发展。"断断续续地，他也接触了一些公司，慢慢发现自己已经没法适应"朝九晚五"打卡上班的公司生活，创业的欲望愈发强烈。

第一次创业失败，他得到两个宝贵的经验，一是"不要被一个看上去很大的机会诱惑，还是应该做自己喜欢的事情"，二是"自己创业往往需要很长时间才能看到前景，必须要有足够的心理准备，不要焦躁"。

2004年10月，他进入一种新的工作状态：提着漆都开裂的苹果笔记本，到北京朝阳门丰联广场的星巴克"上班"——旁若无人地写程序。每天如是，星巴克的服务员都熟悉了他的脾气，直接上一个中杯的今日咖啡。

杨勃最初的想法是做一个旅游类分享网站，名字都想好了，叫"驴宗"。朋友当时给他的意见是，自助游人群还是太少，如果换一个更宽的领域可能会有更大的发展。于是，杨勃放弃"旅游"选择了"书"。朋友的推荐对购买某种产品非常关键，他想要做的就是建立一个"以书等具体物体为媒介的人脉关系网"，在网络上扩大推荐的群体，让人会相信来自特定陌生人的推荐。2005年3月6日，豆瓣网上线，公开提供注册。

它不属于任何一类

对于豆瓣是一个怎样的网站，这是一个难以说清的问题。书影文化、社交网络、电子商务，豆瓣的应用都能覆盖，它似乎不属于当下互联网行业的任何一类。杨勃将豆瓣归类为一个工具型的网站，他在一个以"阿北"（杨勃的豆瓣用户名为阿北）为名的豆瓣主页上写道：豆瓣是一个开始，希望它对你同样有用。

最开始，豆瓣只是单纯的书评推荐内容。杨勃之所以选择以"书"为介质，一个重要的原因是出于自己的兴趣。他自己说，坐在马桶上看书，算是一天中最放松的时间。在杨勃看来，书的价值很大。每年要出几十万本书，没人可能读完所有的书，但是这里面有很多适合你而你可能不知道的书，特别是畅销书。杨勃说，用户每次在豆瓣发现一本书,他决定要买时,豆瓣不仅给了他价值,也给作者和出版商产生了价值,给书商产生了价值,这就是豆瓣的商业价值。再说实在点的价值,豆瓣最原始的盈利模式是通过与卓越、当当网等网上书商的合作来收取分成的。

后来豆瓣网逐渐增加了电影、音乐的评论。只要在豆瓣上注册了账号,就能增加条目、上传内容,继而写评论。尽管对用户发表评论没有限制,豆瓣却一直以优质的评论在用户之间有着良好的口碑。时至今日,豆瓣评论的江湖地位仍然是其他网站难以撼动的。

但豆瓣并不能被称为一个评论网站。从2005年开始,阿北就反复研究各种算法,借数据的力量来完成豆瓣的推荐机制。例如,你看过《黑客帝国1》,它给你找出《黑客帝国2》,这样的推荐毫无意义;你读过余华的《活着》,我推荐《在细雨中呼喊》给你,这也没什么用处。有效的推荐,是你挖掘出来的联系不是表面能看出来的。比如你看《世界是平的》,豆瓣会推荐《长尾理论》。这种推荐表面上看不出有什么联系,但人们细心一想,好像又有着别样的联系。很多人使用豆瓣时,都会觉得是有一位能洞悉自己品位的编辑在做推荐。杨勃说,这完全是技术的作用,没有编辑的人工干预。所有推荐都是用户来做,豆瓣只是搭一个舞台。豆瓣有一个强大的算法团队,在众多的数据中挖掘用户的需求,并做出正确的推荐,但内容始终是由用户自己生成。豆瓣和用户之间形成了良好的共生关系。

阿北的目标设想是,通过豆瓣发现有趣的东西,到商店购物(书和碟)的时候人人手上都拿着一张从豆瓣上打印下来的清单。从豆瓣读书,到陆续添加的豆瓣电影、音乐、小组、同城,再丰富

> "不要被一个看上去很大的机会诱惑,还是应该做自己喜欢的事情。"

到豆列、广播、FM、阿尔法城等,豆瓣的核心词始终是兴趣和发现。杨勃自己总结为"可以发现不同的东西,并且适合自己",换句行内话说就是从用户的需求出发。上线的第二天,"你的豆瓣"就改成了"我的豆瓣",一个字的变化,体现出这家公司的气质和姿态。豆瓣没有老大,然而人人都是豆瓣的老大。用户可以给书籍、电影、音乐评分,但用户本身没有分级评分。活跃度高的老用户和新加入的用户并无区别对待。

口耳相传之下,豆瓣渐渐成为一个最具口碑的文化生活搜索引擎,它改变着国人发现事物的方式:豆瓣FM改变了人们听歌的方式,让大数据来挖掘你可能喜欢的歌;豆瓣图书让人们会去一个不提供销售的网站看书评,然后决定购买下单;豆瓣电影让人们先去看评分,再决定是否该看某部新片。这种演化有点出乎杨勃的意料,因为豆瓣最初是一个纯技术的想法,想成为Google那样的纯技术公司,做推荐引擎。他想做的是一台强大的发动机,但逐渐发现大多数人想要的是轿车,而不是发动机,豆瓣开始转变为一个产品驱动的公司。

上线8年,即使功能产品不断增加,豆瓣的PC页面基本没有大的变动,即使经过改版升级,色调、格局都仍保持着最初的清新干净。这并不意味着它对新事物反应迟钝或者拒绝改变,实际上是在很好地维护用户的使用习惯。反观它在移动互联网中的转型,动作是相当迅速的。将图书、电影、音乐、同城活动分拆成独立的频道,顺势向移动客户端推移。杨勃想要将豆瓣塑造成一个"泛兴趣"网络,渗透到人们生活的时时刻刻和方方面面。他说,不会出一个叫"豆瓣"的移动客户端,然而分拆上线的几个独立客户端并不如豆瓣的传统PC版受欢迎。忠实的豆友们仍爱守着电脑刷网页,看来这也是豆瓣为用户培养的习惯之一。

豆瓣是一个物以类聚的地方

从豆瓣上线开始,杨勃就将其口号确定为"萝卜青菜,各有所爱"。有人爱看书,有人爱音乐,有人爱旅游,有人爱八卦,豆瓣通过不同的产品满足不同人的需求。对豆友们来说,豆瓣形成了一个氛围很独特的虚拟社会。这个虚拟社会的性质最明显就体现在豆瓣小组。豆瓣上有着五花八门的小组,比如"加入很多小组我就是不说话",目前有六千多人泡在里面不说话;"你想不想早上有很多人叫你起床"小组里,三万多人每天期待着来自不同陌生人的morning call。人数最多的还是与书有关的小组"买书如山倒,读书如抽丝",那是二十万豆友的世界。更有趣的是,豆瓣上有个"反对阿北独裁"小组,而阿北还是小组的成员。无论是稀奇古怪的生活话题,还是严肃的读书交流,推动成员回帖的永远是话题内容,豆瓣营造出的仅有适合交流的环境,人与人的关系全部都简化成豆友关系。

对于小组，用这个词来形容或许会更贴切：扎堆。由此延伸，豆瓣实质上就是一个物以类聚的地方。到2006年2月，豆瓣网注册用户已过10万人。上豆瓣的都是些什么人？关于这个问题，豆瓣曾经做过一次调查。结果显示：豆瓣80%的用户在26岁以下，90%的用户在30岁以下；豆瓣用户50%是学生，23%是公司职员。这意味着豆瓣用户比中文互联网用户平均水平更年轻，学历更高。豆瓣2005年上线时，书影文化的高雅格调并不是大部分习惯起哄围观的网民所能承受得住的。但对于年轻的大学生来说，这种文化服务就显得和自己很配。再者，在大学生有限的经济能力对比下，豆瓣的产品显得更有价值，没钱也能讲究高雅文艺。因此2005年，上豆瓣成为大学生的"时尚"，豆瓣在这个年轻群体中得到高度传播。他们扎堆闲聊，内容不一定与文化有关，反正有那么一个圈子在，反正在外人看来很文艺。某种意义上，豆瓣与摆在书架上的大部头百科全书有异曲同工之用。

书籍、电影、音乐这一部分的内容也带有社交性。"我看过""我读过""我听过""我想看""我想读""我想听"，只要你标记一个条目，这些内容就会出现在友邻广播，推送给每一位关注你的豆友。这是2011年6月时，豆瓣广播系统里的新功能。然而，豆瓣广播的形式与微博基本无异样。

杨勃曾经说过，豆瓣是社区不是SNS。在豆瓣上回帖，你需要看完主帖才能添加新内容，因为它的回复框设在最后面。如果看完主帖，很多你想说的，前面已经说过了。这样的设置有时候会给用户带来不便，杨勃也承认这样的用户体验不是最佳的，但长远来说能够保证内容质量。这种模式将豆瓣和其他社区网站鲜明地区别开来。当其他SNS想着制造内容，搞好社区运营时，豆瓣则不运营，由其自由生长。它从不自己制造内容，而是用户自发地添加新内容。同是社区的天涯也是靠着用户自发地制造内容，两者相比较，天涯社区更多的是得益于社会舆论的作用，网络宽松的言论环境使得舆论话题升温，话题造就社区；而豆瓣则是提供环境，在社区中衍生话题。

从某种意义上说，豆瓣是一个没有社交网络标称的社交网络。广播、日志、九点、小组、相册等应用加起来几乎综合了曾经出现过的社交网络形态：贴吧、博客、微博等。我们也可以放狠话说，这只不过是东拼西凑的综合体，但无可否认，这个综合体让用户十分受落。换个角度来看，西祠胡同、百度贴吧、QQ空间这些传统的社交网络都纷纷进入衰落期，或许正是因为功能过于单一。传统社区的话题基本上会被限定在某些具体事件或社会形态，你很难想象在百度贴吧上和别人讨论明天能不能叫我起床的事，那是多么无聊的帖子。但是在豆瓣小组上就会变成，多么有生活气息啊。你可能也无法忍受有一大群陌生人"入侵"你的QQ空间，将相册、日志等从头到尾"指点"一遍，然而在豆瓣上，那样叫做交流。为什么会有如此大的区别？这种奇妙效用就是基于豆瓣初始建立了谈书说戏的文化氛围。它同时改变了网民塑造自我形象的方法，在喧闹的网络上展现深沉的有文化气息的自己。

杨勃在日志里写着，"豆瓣是一座仁者见仁、智者见智的城市。城市是多样的。你选择什么样的朋友，收藏什么样的东西，参加什么样的小组，完全决定了你眼中的豆瓣。精英、草根、清高、流俗、小资、文艺、激进、保守、娱乐、书卷，全都能在豆瓣上找到据守的角落。归到哪个类别，这个是你们的问题"。

很难说清豆瓣是一个怎样的社区，但它绝不是单纯的SNS。普遍说法都指豆瓣是以"物"为介质的人际关系网络，兴趣维系着圈子。究其实质，用户拥护的是使用的自主，物件也好，兴趣也好，在实际的使用过程中，"我的豆瓣""我读过""我看过""我听过"，这些功能都是自我中心的不断加强，从"我"出发，找寻"我的"兴趣。借着兴趣的线索，人际网络的形成显得自然而然。有评论指豆瓣越来越减弱书影文化评论部分，向社交服务倾斜，招来了众多用户的口诛笔伐，称豆瓣文艺不再。从产品的功能发展来看，的确有这种趋势，微博型的广播，BBS加SNS的阿尔法城，这是阿北的选择，更多的还是用户的选择。

不刻意商业化

业界称豆瓣为"慢公司"。相比中国其他互联网巨头，豆瓣的商业化之路确实走得慢，利益上也没有一飞冲天的迹象，甚至连每年的营收情况对外界来说都是一个谜。杨勃认为这是豆瓣的幸运之处：一直能用自己的节奏来做事。"豆瓣的模式没有可参照样本，很多事情需要我们去摸着石头过河。"杨勃说，"如果只是根据市场商机走，公司很容易迷失自己。"其实豆瓣没有故意要慢。创新的产品实际上需要很大的成本，包括时间成本。从构想新模式、筹划搭建、试验运行到真正稳定，内部的员工在不断折腾、试错和观

> "城市是多样的。你选择什么样的朋友，收藏什么样的东西，参加什么样的小组，完全决定了你眼中的豆瓣。"

察，可外面看起来似乎什么也没发生。诚然，当用户数量达到足够大的基数时，商业化是必走之路。再文艺的网站，也是需要谈钱的问题。豆瓣并不排斥商业化，只是有自己的坚持。为保护用户体验和用户价值，在商业化的过程中走得战战兢兢如履薄冰。

2010年开始，豆瓣陆续推出自己的广告产品，包括在页面显示的静态展示类广告和豆瓣FM中的音频和视频广告。谁能在豆瓣做广告，以怎样的形式，都是由豆瓣说了算。动态图、Flash、弹窗广告，这些都是豆瓣坚决拒绝的形式。有网友这样调侃：一群小清新怎么可能受得了在咖啡、书影、音乐的时光隧道里突然出现姚晨骑着小毛驴"赶集来了"，杨幂跟在后面大喊"神奇的网站"？在豆瓣的电脑端页面里一般不会出现超过三幅广告画，静态广告画没有浓重的商业味，偏向清新文艺的风格，以书籍和影讯广告为主。豆瓣页面上的广告并非固定展示的，每刷新一次就会换一个广告。豆瓣曾经做过调查：豆瓣所有功能里你最喜欢哪些？调查结果的前10名里，竟然有一个是广告。在杨勃看来，广告也是内容的一部分，它也帮助用户去找到一些好玩的东西，对豆瓣本身也有定位的作用。豆瓣页面上设有关于广告的链接按钮，用户进入其中的版块可以分享上传过往的创意广告图，这使得广告也成为讨论的话题之一。

豆瓣"以物聚众"的用户管理模式对于广告的精准投放称得上是浑然天成的高效用。直至2012年,入驻豆瓣平台的品牌已超过100家,基本上都是国内外一线的知名品牌,合作模式主要为硬广告和专门以主页形式呈现的品牌小站。品牌小站就像一个网络市墟,每个品牌各占一地,自由经营,发布内容,通过一系列的活动来吸引用户参与,同时回避了正面刻意推销所产生的负面影响。

豆瓣广告的质量在业界和用户群中都有着很好的声誉,甚至有一种"豆瓣无广告"的说法。豆瓣的商务团队对每一个客户都要经过一定的研究,然后提供定制化广告方案,像做产品一样做广告。品牌的定位要与豆瓣用户高度贴合,宣传广告要用豆瓣的语言和用户交流。2012年的"理想青年"小站本是豆瓣上的一个原创活动,旨在挖掘一些活跃在豆瓣上的有理想、有才华的青年。恰巧,联想的ThinkPad Edge看上了这个活动,他们的理念"思迥异,做不同"也与豆瓣用户独立思考、敢作敢为的个性相切合,ThinkPad Edge便成了这个活动的赞助商和合作者,通过摄影、插画、旅行及音乐等不同主题的活动,让用户展现多方面的才艺。

豆瓣成立多年,广告服务才推出三四年,不难看出豆瓣的权衡和选择。豆瓣很清楚,风格不适合的品牌出现在豆瓣上,所造成的用户厌恶感是广告费无法买单的,只能断然拒绝。对广告的节制无疑是会影响收入,却从未影响过用户和流量的增长。2012年8月,豆瓣的注册用户超过6200万人,月独立访问量超过1亿次。覆盖全球747个城市,共创建了29万个豆瓣兴趣小组和约7.6万个小站。2014年,艾瑞的统计数据显示,在交友社区类网站中,豆瓣的日均用户覆盖人数位列第三，仅次于新浪微博和人人网。到2015年豆瓣成立十周年之时，豆瓣的用已达1.2亿人。豆瓣的每一种服务都有各自的盈利模式。图书频道提供比价功能，从各购书网站提取分成；也有为电子阅读者提供的付费电子书。豆瓣FM也有两个盈利渠道，一个是像传统电台插播音频广告，另一个是2012年推出的无广告优质音乐电台Pro版。2013年9月，豆瓣推出了"豆瓣东西"，开始涉足电商领域。豆瓣的盈利模式正在不断拓宽，有人评价豆瓣正在加快自己的商业化节奏。杨勃解释，豆瓣并不是刻意去商业化，而是整个行业发生的变化让一些事情变得可能。面对外界对豆瓣商业化的所有质疑，杨勃的回答是，为什么我们不能？目前豆瓣形成了以品牌广告、互动营销和电商渠道收入分成为主的商业模式。阿北说，"长远来说，豆瓣也会有广告之外新的商业模式，时候到了它自然会产生。"

目前豆瓣已完成三轮融资：第一轮是2006年，联创策源资本的创始人冯波给了200万美元；第二轮是2010年年初，挚信资本和联创策源联合为豆瓣注资近千万美元；第三轮是2011年9月，挚信资本、红杉资本和贝塔斯曼亚洲基金投入5000万美元。投资方似乎也理解了阿北的理念，不急着做大型的推广。2014年豆瓣已经非常接近盈利，两个季度盈利，两个季度不盈利。春天是否将至？但杨勃并不看重一年能盈利多少，他强调，只要停止投入，豆瓣即刻就可实现盈利。回看豆瓣创立初期，仅有的资金是来自杨勃几个朋友的20万元人民币。直到2006年2月23日，豆瓣成立快一周年，杨勃才迎来自己的第一个正式员工。因此业界也有"一个人的豆瓣"这种说法。豆瓣的主要成本是固定成本和人力成本，也不用花钱买流量做推广。

在豆瓣的页面上没有网站惯用的大横幅广告，也见不到官方微博的链接，上线新产品也不会有发布会。在他看来，能让豆瓣一直走下去的核心能力取决于团队的学习能力，其是在不断变化发展的。

顺便成为一家伟大的公司

曾担任雅虎CEO的谢文点评豆瓣网时说过，以书会友很雅，但不现实；现实生活中女大学生见了面就谈化妆品、男朋友。书、电影、音乐只是生活的一小部分，这是豆瓣要大众化的局限性。但是杨勃并没有打算把化妆品、手机、服装这些热门产品归纳出类似书籍的条目，因为这些话题通过小组就能得到交流。他也不认为豆瓣是个小众化的网站，用户数量之大就是其理据。豆瓣的用户在兴趣选择上会被细分成很多小圈子，这些圈子相对独立又相互渗透。可以说，小众之外还有小众，小众之内还有小众。豆瓣就是大众文化与小众文化交织的场所。然而，豆瓣应不应该大众化又是另一个受人争议的问题。即使不是刻意为之，但豆瓣的初始受众确实是集中在年轻的文化青年。无论怎样去将豆瓣大众化和草根化，都会触及这批核心用户的敏感神经。

行内流传着豆瓣的10万用户定律：当用户数超过10万人，产品直接获得用户意见的渠道就失效了。在这么大的用户基数上，如果有1%的用户对你不满，其中又有十分之一的用户表达出来，这意味着天天有100个用户在骂你，那种感觉就是铺天盖地，而你没有办法分辨到底是100个人还是1万个人在骂。他是一个很小的比例，但是你已经没有办法衡量了。当用户数量不断增大时，你可能需要更主动地去听取意见。在"中国创造"的豆瓣网中产生这样的观念一点也不让人意外，在模仿和山寨为主流的中国互联网行业中，豆瓣是唯一的例外。豆瓣的模式在国内乃至世界都是独一无二的。这种完全的独立创新既是优势也是劣势，没有直接的竞争对手，也没有前车之鉴，未来的每一个细微的变动带来的都是无从测算的影响。2006年8月，豆瓣曾上线"我去"功能，后因用户反馈不佳而下线；2013年5月，豆瓣"足迹"功能团队在测试"足迹"上线前后未经允许抓取了穷游网的部分地理数据，杨勃为此公开道歉，并关停"足迹"功能。

互联网圈子里的人提及豆瓣都会说，"这是一个值得尊敬的中国互联网企业"。豆瓣阅读和豆瓣FM一直坚持提供正版产品，尝试培养用户为好的内容和服务付费的习惯，也为国内数字内容保护、知识产权的生态环境开辟了原始耕地。当今这样一个互联网浮躁的业界环境中，能沉下来探索产品的公司确实难得。豆瓣的难得体现在，它不吹捧用户，不依靠名人效应，只是很纯粹地去做对用户线下生活有帮助的产品。豆瓣向着城市生活类网站进发，上豆瓣网，成为大家的一种生活方式。

《第一财经周刊》曾刊过一篇专题文章，名字叫做《豆瓣加油》。如杨勃所说的"豆瓣想要影响更多人，顺便成为一家伟大的公司"，这恐怕还得加油。然而那个坐在星巴克里写程序的创业故事不知鼓舞着多少想在互联网领域创业的年轻人。

李兆基越是对专访退避三舍，关于他的消息就越受欢迎。香港各家中文报纸更是动用了各种关系，收集李兆基的情况。

李兆基：高调做事，低调做人

文/十二叔

1996年，福布斯财富榜的前五名当中首次出现了一位华人，他就是香港的地产大王李兆基。自从在富豪榜亮相之后，关注李兆基的媒体越来越多。多少报纸、杂志、电视台都候着，希望能得到李兆基的独家采访权。

一位知情人的话打碎了各家媒体的梦想："想得到李兆基先生的慈善捐款比较容易，想从他嘴里采访到你想要的金玉良言比较困难。"

李兆基少年时代是广东顺德远近有名的神童。他的"神"不在于学习成绩，而是小小年纪就能在父亲的金铺独当一面，做生意的天分令人惊叹。

他到香港之后，和郭得胜、冯景禧搞了一个组合，以"地产三剑客"的身份崛起于香港地产圈。他和李嘉诚同岁也是同乡，两人是球场上的球友、球场之外的朋友。可是当两家的楼盘一街之隔时，互相拆台的各种手段也是层出不穷、娴熟之至。

稍微八卦一点的人都知道李兆基的次子叫"李家诚"，这样取名字恐怕不是巧合。

去港岛淘金

1948年，19岁的广东小伙李兆基只身来到了香港躲避战乱，口袋里揣着准备创业的1 000块钱。这点本钱与到刚到澳门闯天下的何鸿燊口袋里区区10元钱相比他不算穷人。走在香港最繁华的商业街上，李兆基像天底下所有渴望出人头地的年轻人一样心潮澎湃，希望能在这座大都市扬名立万。

虽然李兆基年岁不大，挣钱的营生可是没少做。他可不是那种没见过多少市面的人，父亲李介甫在顺德老家开了两家金银铺，家底相当殷实。李兆基六七岁就跟着父亲在店里学做生意，十二岁就能独当一面了。他不但经营管理无师自通，连鉴别金银的成色甚至化金、熔金这种专业性非常强的工种都掌握得八九不离十，甚至要断了那些多年"打金师傅"的活路。所以，少年李兆基才能做金店的大掌柜，成了远近闻名的"神童"商人。

当其他从内地来香港的人还在为从事什么工作发愁的时候，李兆基毫不犹豫地选择了他的老本行——金银业，信心十足地准备用真本领闯世界。此后数年，香港中环的文咸东街就成了李兆基实现梦想的最佳场所。这里有几十家金铺银店，专营黄金买卖、外币找换汇兑这些生意，李兆基做起来轻车熟路。"盛世买古董，乱世买黄金"眼瞅着大陆要改朝换代，上海广东这些大城市每天都有人到香港来买黄金。国民政府的纸币越来越不可靠，只有黄金才能让乱世的人们生出些许的安全感，所以市面上能够买卖黄金的场所比牛市的股票交易所还要繁忙。

李兆基在香港忙碌挣钱的同时，他的大哥李兆麟也在澳门从事同样的工作。做起生意来，亲兄弟的联盟也比一般的朋友临时组团要牢靠得多。当时香港金价比澳门贵出不少，李兆基兄弟就低价从澳门买来黄金到香港后高价出售，一进一出，收益颇丰。李兆基的腰包鼓起来了，已经有能力往老家寄钱孝敬父母了。在一买一卖的过程中，李兆基对市场的把握越来越敏锐，为日后纵横地产界打下了基础。

内地新政府成立，香港的街道上出现了更多的内地客。越来越多的国家认识到国民党真的已经日薄西山了，没有必要为了过去所谓的"友谊"而得罪了刚刚成立的新政府。于是，曾经"欺负"过中国的"列强"或者一直抱着胳膊看热闹的国家，都表示要与新中国建立外交关系，香港毫无疑问成为中国连接世界的纽带。

李兆基闲来无事时经常到中环最热闹的茶楼闲坐，不为喝茶，只为了听见多识广的茶客们谈谈香港的局势。"澳门王"何贤、鸿昌公司的老板郭得胜、新禧公司的冯景禧等这些商界达人都是茶楼的常客。而几位成名商人，又都是场面上来往，相互之间都客气得很，互相捧场，加上又都是从内地过来的，天生就有一股亲近感。这样一来二去，善于结交朋友的李兆基成为这个圈子的新客。

融入香港成功人士的圈子，李兆基听到了以前游离在圈外不可能听到的消息。这些比自己成熟也更为成功的人们一致认为香港的地理位置会越来越重要，进出口贸易有可能成为短时间最挣钱的项目。

李兆基每天看着钞票进进出出，发现不管是法币、伪币还是金圆券都是变化无常的。金银也不是只涨不跌的，时局稳定之下，差价就远不如往日丰厚了。这时候，他突然间明白了父亲从小灌输给他的从业常识："钞票都是人家的，我们只是赚取一点佣金。"究竟做什么钞票才能成为自己的，成为李兆基最为关注的事情。尤其是看到政治的变迁可以让纸币一夜之间变为废纸，李兆基深深体会到金银业也不总是那么好做的。

刚过而立之年的李兆基开始考虑转行了。

金城银行的杨副总经理也是圈中人，他和李兆基私交不错。一天，杨经理和李兆基又坐在一起喝茶，不经意间就透露了一个非常有用的数据。他说香港明年的对外贸易将会增长多少个百分点，涉及金额能达到6亿元。也许杨经理是无心插柳，但李兆基时刻都在寻找机会大干一场。他马上抓住机会，向金城银行申请了商业贷款，打算在制造业和进出口贸易上大展拳脚。因为面前坐着的杨经理就能决定李兆基的贷款事宜，与其说他向银行申请不如说他请朋友帮个忙。

杨经理没有推诿，当场就答应了。原来银行也是有贷款任务的，他这个做副总经理的当然更要拉客户了。在他看来，把钱贷给自己不熟悉的大公司倒不如贷给李兆基这样精于计算又对商业非常敏感的新人合算。毕竟李兆基的人品信得过，不怕他欠债不还。

就这样，靠着自己的一点积蓄和银行的贷款支持，李兆基开始了进出口贸易，这个营业额比起金银加工大了很多。做了几年贸易之后，李兆基又敏锐地发现香港的地产市场渐渐热了起来，这个时候如果进军地产业应该形势很好。可是进军地产业需要的资金是自己做进出口贸易的好几倍，霍英东仅仅注册霍兴业堂的资金就达到了400多万元。

香港地产三剑客

地产圈的门槛比较高。李兆基开始留心起自己圈内的商界朋友有多少是同道中人，他很快发现，冯景禧头脑比较灵活，这件事找他肯定能成。

冯景禧比李兆基大五岁，与李兆基一样出生在广州的商人家庭。不过冯景禧的命运不太好，亲妈早早就去世了，后妈很快进入冯家。他们的母子关系是相当紧张的。否则冯景禧也不会在16岁就离家出走，到香港的船厂当学徒。

冯景禧很不安分，他当过钱庄学徒、管事先生、账房先生，还与人合伙经营过酒楼；他养过鱼苗，赔得血本无归；他做过水果生意，结果满船的香蕉变成一堆烂泥；他还和霍英东一样在朝鲜战争中冒着生命危险运送禁运物资，但没有成为巨富，只是发了一点小财而已；他炒黄金、炒股票，凡是能挣钱的事儿都少不了他的身影。

如果冯景禧只有这点能力也不会成为李兆基第一个拉拢的对

143

象。他虽然没有学过财会，但是对财务管理方面"天赋异禀"，在钱庄当小学徒的时候就能把账目分析得一清二楚，让老板大为惊奇。他很早就意识到了信息的重要性，对香港和国际的股票市场了如指掌，有股市"活字典"的美称。

李兆基物色的第二个合作伙伴是鸿昌公司的郭得胜。郭得胜比他年长17岁，最早在澳门做杂货铺，是随着新中国成立之后的移民潮转移到香港的。到了香港之后，郭得胜将杂货铺改弦更张为"鸿昌贸易公司"，取得了日本一家拉链厂的独家代理权，赚了一笔。

三个人坐在茶楼谈地产业的前景，越谈越起劲。在场的还有几个老板，也被他们打动，于是最后八个人一同拍板，集资共创一家永业公司，合资经营地产。

当时霍英东预售楼花的策略已经威震香港了，做塑料花发家的李嘉诚也进入这个行业了，英资置地更是实力雄厚，多年来一直稳居香港地产市场的霸主地位。刚刚成立的永业公司初出茅庐，只能避其锋芒，见缝插针。他们不和其他公司争夺拍卖的官地，而是收购小地盘的楼宇改造重建之后出售，投资小，收效快，就这样逐渐在香港地产界站稳了脚跟。

不过其他五位股东都有自己的生意要忙，实际经营的只有李兆基、冯景禧和郭得胜三人。后来，他们三人发现地产这条路果然没有选错，就剔除了不管事的几位股东，改为三人合资的"新鸿基地产公司"。郭得胜为董事局主席，李兆基、冯景禧任副主席，而职员也只有十余人。三个人的名头也越来越响，江湖人称"地产三剑客"。

三人密切配合，攻无不克，奠定了新鸿基早期飞速发展的基础。

冯景禧善于交际，与银行、政府各界打得火热，是新鸿基对外联系业务的第一猛将。他的个人魅力无人能挡，想要认识谁，和谁有进一步的合作关系，三言两语就能让对方感受到自己的热情和诚意。

郭得胜实在，对施工过程非常了解，让有心偷工减料的包工头碰了一鼻子灰。只能老老实实干活，一点投机取巧的把戏都会在郭得胜的眼皮子底下暴露无遗。有了郭得胜坐镇，新鸿基楼房的质量绝对经得起考验。

李兆基在三人中年龄最小，但他对公司的贡献却不小。他全权负责土地买入、楼房的图纸设计以及销售。新鸿基公司内部有这样一个段子，讲的是李兆基为专业设计师挑毛病的小插曲。

当时有一个外聘的设计师拿自己设计好的图纸给李兆基过目。在他看来，总经理只是负责公司的日常管理，看图纸不过是走走过场罢了。没想到李兆基只看了一眼，就说："你这里计算错了！"

"我是专业作图的，你一个外行有什么资格挑我的毛病。"设计师心里不服气。

"你忘了，这建筑物是可以引用最近的建筑新例的，每层楼的高度限制不是放松了吗？况且取光的角度也可以相对地调整，以使我们这幢楼宇的建筑面积能有可观的增幅。"李兆基就知道眼前的设计师很不服气，于是不慌不忙给他指出了出错的原因。

这让那位一向以世界一流大学出身标榜的设计师羞愧万分，此后再也不敢小看这位看似"外行"的总经理。

李兆基在家中排行第四，故有"四叔"的称号。四叔年轻时买卖地产，夜以继日地工作，要熟悉建筑条例、图纸设计等，每天

> "对我来说,地产业是从零开始,但只有刻苦耐劳,勤奋努力,做足功课,搜集数据,才可以独霸地产,我不要做单纯出钱的老板,我要做熟知公司所有细节的领导者。"

也得投入不少时间巡视建筑工地。他自己总结道:对我来说,地产业是从零开始,但只有"刻苦耐劳,勤奋努力,做足功课,收集数据",才可以独霸地产,我不做单纯出钱的老板,我要做熟知公司所有细节的领导者。

1971年,赫赫有名的"华资地产五虎将"出炉之时,三人当仁不让,联合占据了五虎将之一的位子,与李嘉诚、胡应湘、郑裕彤、陈曾熙一起成为香港华人圈的"风流人物"。

1996年,李兆基成为亚洲首富,在全球的富豪榜上雄踞第四位。这个名次至今仍是华人的最高成就,即使李嘉诚也没有达到过此等佳绩。在如今的香港李嘉诚名头最响,但论实力,李兆基、郭氏家族也未必逊色。

20世纪70年代是香港地产最火爆的日子,奇怪的是位于跑马地山腰的一块绝佳地盘却没有房产商敢买,这是什么缘故?有人打听到这块地盘上的三层别墅是香港的银行世家简氏家族的祖业,基本上就打消了洽谈购买的意愿了。

简氏家族财大势大,没有特殊原因肯定不会卖祖屋。何况简东浦唯恐"富不过三代"的魔咒出现在自己家,临终之前给儿孙们留下了遗嘱,"家族的产业世代不许变卖,只能自用或者出租"。仅这一条，就让众多的地产商们望而却步了，谁好意思让人家违背先人的遗愿出卖祖业呢？简东浦的儿子简悦强可不是好欺负的，他是豪门出身，与霍英东、何鸿燊一样曾就读于香港最好的学校皇仁书院。不同的是霍英东中学毕业就打工养家了、何鸿燊大学念了一半就跑到澳门跟船了，简悦强却是香港大学毕业之后又去伦敦大学深造，1940年回到香港办起了律师事务所，成为香港资格最老的律师。不过那一年，李兆基也不逊色，在社会大学里如鱼得水，他刚刚12岁，就已经成为父亲开的金店的小掌柜，里里外外一把手了。

而简悦强先生凭借自身的努力当选了香港立法局的议员，没过几年又成为香港的最高行政决策机构——行政局的首席非官守议员。这个"首席非官守议员"的称呼叫起来很拗口，却表示香港在英国殖民统治时代行政局资历最长、地位最高的人士，这可是港英政府绝对信任的人才能就任此高位。当然，政府肯定没有忘记简悦强背后简氏家族资金雄厚的东亚银行。

李兆基在同行们都打了退堂鼓之后毅然登场了，他要去和顺德老乡简悦强谈一谈。

简悦强看在老乡的面子上，告诉李兆基政府已经打算征用这块20万平方英尺的地皮建学校了。如果想把教育用地改为高层住宅，非得港督和行政局的官员们都举手同意才行。

跟政府对着干的事，精明的商人都不会考虑。可一向精于计算的李兆基却犯了脾气，非要完成这件看起来不可能完成的事情。他对两个儿子说："有志者事竟成，只要肯动脑筋，没有办不成的事情。看看父亲怎么拿下这块地皮盖起咱们恒基兆业的又一栋大楼的。"15岁的李家杰和8岁的李家诚似懂非懂地点点头，在他们眼中无所不能的父亲一定能够旗开得胜。

　　李兆基把摆在眼前的难题细分再细分，具体到什么问题需要用什么方案来打动什么人。他不但研究政府的现有政策，还把政府未来工作报告也一并拿来研究，最后列好了一系列的公关方案，磨得政府不得不答应。

　　与简悦强的谈判相对简单一点，他找来律师咨询遗嘱是否永远不能改变？得知法律上并没有规定这一条。当时，简东浦已经去世15年了，后人没有必要时刻遵循不得变卖祖业的束缚。何况简氏家族的物业多的是，又不是只有跑马地这一处容身之处。

　　这几个问题都解决了，李兆基在万众瞩目之下将"不可能"变成了现实，声誉更加隆盛。至于原本要建学校的事情李兆基也没有置之不理。毕竟捐资建校是流芳百世的善举，想要好名声的富豪们都不会错过这样的好机会。

　　李兆基和当时声望甚隆的培侨中学的校长多次商谈，为学校重新找了一块新地皮。新校舍买地皮以及建筑费都花费不少，李兆基就主动提出承担所有费用的70%。他总共出资了2000多万港元让培侨中学面貌一新，在他的授意下，学校还建了一座标准的游泳池，日后为香港的体育赛事培养了不少游泳健将。

生意归生意，交情归交情

　　香港娱乐圈有"四大天王"一说，四个大明星不过是邵逸夫炒作TVB收视率的一个手段而已；香港高尔夫球界也有"四大天王"，但这四位大佬不是老虎伍兹那样的职业高尔夫球员，而是掌握香港数百万居民能否"安居"的教父级地产商李兆基、李嘉诚、郭炳湘、郑裕彤等人。

这几位打高尔夫球不像霍英东一样亲民，喜欢到人气旺的普通球场去。他们最常进出的是皇家香港高尔夫球会。这个球会是地地道道的贵族俱乐部，会员非富即贵。这里的会籍还分可转让与不可转让两种，档次稍低的可转让会籍就能叫价到1000万港元，但即使这样的高价还未必买得到。因为这里的会员名额是有限制的，满员后就不再吸收新会员，除非有老会员自然死亡空出名额之后才能空缺。这个等待有可能是一年，也有可能是十几二十年。

李兆基和李嘉诚关系不错，两人同年出生，都是香港最顶尖的富豪，一起吃茶聊天打高尔夫球是再经常不过的事情了。和平共处了半辈子之后，两位老人家的战线不断拉长，竟然也出现了几次不大不小的碰撞。对于当事人来说，或许不过是难以避免的商业竞争罢了，对于大多数的普通人来说，二李之争不亚于彗星撞地球这样千载难逢的奇遇。

美丽华酒店是香港最负盛名的酒店之一，创办人是杨志云。这位杨氏家族的掌舵人很有魄力，早在1970年就将酒店重组，在香港上市，并以每股10港元的价格公开发售了500多万股新股票。十年之后，在香港地产最高峰的时期，杨志云把美丽华酒店以28亿港元的高价卖给了佳宁、置地组合的财团。一时间美丽华成了香港市民最振奋的话题，甚至美国的《时代周刊》都撰文说此事"创下吉尼斯纪录的单一物业转让的最高成交价。"

可是问题大商人陈青松的佳宁集团刚刚施展才技，赢得一片喝彩声之际，还没有来得及重新打造美丽华，自己就因为惊天诈骗案暴露先崩溃了。这样，美丽华没有卖出去，但是却得到了9亿多港元的预付款和对方因为违约而支付的将近4亿港元的赔偿款。杨志云依然是美丽华的主人，却平白得到了13亿的"大馅饼"，这份幸运让香港市民纷纷跑到美丽华酒店住上一夜后马上就去买六合彩或者赌马。

可惜的是这笔额外收益还没来得及消化，杨志云就病逝了。不过，他的子女们对经营酒店都没有什么兴趣，只想出售股份套现。长子杨秉正觉得父亲刚走就出卖祖业有点太"败家"了，就勉强又经营了几年。可是儿子显然没有老子的好运气，酒店盈利日益减少，杨秉正决心出售家族股份。

杨氏家族有意出售美丽华的消息一传出，马上就引起了不小的振动。最早反应过来的是荣智健和李嘉诚。两人打算像上次联手收购恒昌一样把美丽华收到囊中。于是，中信泰富和长江实业再次联袂出手，打算以每股15.5港元的价格全面收购美丽华。

杨家5月份才放出消息说要出售酒店，李嘉诚和荣智健的临时财团却在2月份就成立了。能在3个月前就预料到有此一天，怪不得人家的生意会做到"富可敌国"的境界。

杨秉正说，"李先生和荣先生口口声声说是友谊收购，还说是我们公司的股东主动邀请他们来的。可是，我却是在贵公司的财务顾问向我出具意向书的头天晚上，才知道这件事情的。还有我们的股东们，大家都不承认自己曾找过二位先生，我想问一问这里面是不是有什么误会？"

这番话并不是杨秉正私下里对李嘉诚和荣智健说的，而是一封发给新闻界的公开信，所有的香港人都可以看到这些内容。正当大家猜测一向注重形象的李嘉诚这一次的吃相为何如此难看时，杨秉正又写了一封公开信，向李嘉诚和荣智健道歉，说自己误会他们了。随后美丽华酒店的董事局也赶忙出来澄清，说杨秉正虽然是大股东，但他个人不能代表整个董事会，那封信只是个人观点而已，不代表公司态度。

可是收购行动的阴影已经被第一封公开信蒙上了，后来的解释和道歉都显得画蛇添足了。

尽管美丽华董事局内部意见不统一，可是传出收购消息之后却产生了大家意想不到的效果——美丽华酒店股票开始飙升，远远超过了长实和中信泰富给出的价格。

没过两天，市场上又传出风声，说是郑裕彤也有意加入这场收购战，还给出了超过李嘉诚他们提出的价格。

如果传闻属实，杨志云家族不管经营只要分红的几位公子就要"小庆"一番了，毕竟这个价比之前的价格要实惠得多。可是郑裕彤又站出来辟谣，说自己和杨志云是多年的好友，是不会收购他的产业的。

郑裕彤的表态刚刚过去一天，收购战又传来了更新的消息——李兆基要出手了。"二李相争"引起香港商圈以及普通市民的极大关注。这两个重量级的超级巨富刚刚合作开发的"嘉兆台"还在热卖，每平方英尺（1英尺＝0.3048米，下同）的售价几乎创下香港普通住宅的新高。可一方面"合作愉快"，一方面又争夺同一家公司的控股权。20世纪90年代至今，在香港能与李嘉诚一争高下的人屈指可数，偏偏郑裕彤和李兆基都有这个资格。这几个人虽然相识多年，私交不错，可是站到各自家族事业的立场上，互相谦让是不可能出现的。

坊间传闻，杨志云的遗孀通过儿子向李兆基传了口信，希望他能够念在与杨志云故交的情面上承购美丽华的股份。杨家知道李兆基最近几年中，接连收购了中华煤气和香港小轮两家上市公司，都没有将它们私有化或者"拆骨"的不良记录，而是保持原来的管理层不变，直到相关人员退休才会安排新人接手。李兆基这一点让杨夫人非常放心，希望亡夫留下的产业易主之后还能够保持原来的风貌。另外，她也希望李兆基能看在相识多年的份上，让自己的儿子杨秉正继续担任总经理一职。

杨夫人的原话是"杨氏家族要出售的股份应该是价高者得，但是我们的情况比较特殊，因为四哥李兆基和我老公是好友，而我老公去世之前也一直是四哥恒基公司的董事。有这层关系在前，所以如果四哥和别人给出的价格一样的话，我们一定优先考虑卖给四哥。"

如此看来，李兆基好像是不得不买。实则不然，四叔怎么可能会单单为了人情就去花费百亿巨资收购一家可有可无的公司？

他早就计算好了，杨氏家族名下的股份价值150多亿港元。如果自己给出比李嘉诚稍高的价格，也不过就是六折买到手，这是一笔相当划算的生意，当杨秉正带着老妈的意思来找李兆基商量时，他很痛快地就答应了。

对于纵横商海几十年的大佬来说，花最少的钱买到最多的东西才是最重要的。与老朋友撕破脸正面开战又如何？和自己一个级别的人，哪一个没有做过"利益至上"的事情？关键是事情发生过后还是该吃饭吃饭、该打球打球，生意和交情没有必要混为一谈。

当李兆基全盘接收了杨氏家族的股份之后，香港媒体的老板们马上召集手下的精英们布置任务。他们要不惜版面、不惜人脉、财力、物力全方位立体式地报道两大顶级富豪的首次正面交锋。

胡仙的《星岛晚报》替李嘉诚发愁，直接以《长实中信如何应付？》为标题，请了港岛比较有见识的商界精英来撰稿，假设李嘉诚、荣智健可能会采取的种种措施。

《壹周刊》一直以来都是以"不扮高深、只求传真"为办报宗旨。这次也不例外，《巨头对阵，蓄势待战》吸引看客的眼球……

局势很僵。

李嘉诚为了打破尴尬的局面，公开表示"收购成功固然好，不成功也是平常事。"这么一说，就将自己解脱出来，省得真失败了被人诟病。李嘉诚地位超然，对偶尔一次落在下风并不十分在意，可是荣智健却有点忍不住了。

原来，中信泰富在收购了恒昌之后还是排在香港四大洋行后面，荣智健急于短时间内壮大企业，向父辈们证明自己离开大陆，不要政府的优惠政策，到了资本主义的香港一样能做人上人。

李兆基拥有了杨家的股份之后，对美丽华的控股权超过了三分之一，长实中信已经处在下风了。除非他们能将其他股东甚至散户手中的股份全收拢过来，否则就要和李兆基同时进驻美丽华。李兆基既然都收购一部分了，当然不会坐以待毙，他也在积极笼络其他小股东。纵然这些人不卖给自己，也不要卖给别人就行。他很快进入董事局，为小股东们做思想工作，让大家感觉到自己手中的股份会在他的带领下含金量逐渐增加，都舍不得再出售了。尤其是杨秉正继续担任总经理之后，代替李兆基向其他股东做思想工作，结果大家一致表示拒绝中信和长实的收购。

美丽华收购战到此总算是告一段落。李兆基仅仅动用了30多亿港元收购酒店三成股份就成功控制了100多亿的资产。他也信守承诺，让杨秉正继续管理美丽华的大小事务，直到几年之后杨秉正病逝。不过董事局主席的位子他一直没有去做，而是交给原来的股东何添来担任。

"二李"的售楼之战

美丽华收购战让大家见识了二李第一次正面交锋。既然他们已经撕破脸皮了，第二次交锋马上就到了——马鞍山售楼之战。

此马鞍山并非内地的马鞍山市，而是香港沙田区的大型住宅区。这里是由一个小渔村逐渐发展成为屋村、商场林立的社区，有点香港历史缩影的意思。这一次"战役"不是收购战而是地产白刃战。

1994年，香港地产市场的竞争极为激烈，各种销售手段层出不穷。地产商们对在本地的媒体上做广告还不满足，干脆将售楼广告投放到了境外，希望海外的购买者到这里投资。各家公司的"看楼团"是八仙过海各显神通，你有空调车接送我就提供免费餐饮，你带着客户们"新界一日游"，我就推出购房后免费抽奖，大奖直接是黄金百两。

两家公司都在马鞍山开发了楼盘，一条马路隔开，左边是长实

> 他和李嘉诚同岁也是同乡，两人是球场上的球友、球场之外的朋友。可是当两家的楼盘一街之隔时，互相拆台的各种手段也是层出不穷、娴熟之至。

的怡海花园，右边是恒基的新港城，李嘉诚和李兆基再一次狭路相逢，想不较劲都难。最刺激的是两家的开盘日期还非常接近，让有心购房的人观望起来。两家的楼盘都质量过硬，人家就等着看哪家的条件更优惠了。

李嘉诚马上做出了反应，他在开盘当天宣布降价，让自己怡海花园一期的楼房销售一空。李兆基的新港城开盘晚了点，但是他也效仿李嘉诚的做法，也做了相应的降价，销售成绩也不错。

到了第二年，李兆基在新港城最后一期楼宇开盘之际，他将酝酿已久的方案公布出来——不但价格优惠到比当时的二手房还便宜，还和银行合作推出了高额的银行贷款。在四叔这里，只要支付一成的首付就能入住一座新楼，真是优惠至极。

果然，在新港城开盘当天看房者蜂拥如潮。而李嘉诚就在对面悄悄笑了，他本来还打算大做广告吸引人们来看房，现在大家都在李兆基的召唤之下来到马鞍山了，自己只要将这些看房者吸引到自己这边买怡海花园的房子就行了。

李嘉诚还是一招应敌：李兆基的房子不是便宜吗，我在他的基础上每平方英尺再优惠几十块钱，看你们如何抉择。既然褒扬自己不能吸引购房者，那就采用贬低对方的战术。长实的一位董事首先发难了,她在出席一次公开的活动时,对记者说"我们怡海花园的房子比新港城强多了。"报纸评论道:"这个破天荒的评论,拉开了李嘉诚和李兆基之间马鞍山比拼的序幕。"

既然高层的董事都公开表态了,下面的售楼员还顾忌什么。他们马上就总结了对方的缺点对比了己方的优点,练习了一套完美的说辞。

长实怡海家园的销售说辞:"我们怡海花园的价格比对面便宜几十元,而且我们请的设计师比他们新港城请的要出名得多。你们看过对方的装修材料吗,同样的材质却比我们贵多了……"这边滔滔不绝地向看房者透露对方的底细。

新港城的销售说辞:"我们这里位置绝佳,旁边有购物中心还有海景、山景,这样的环境哪里去找。对面妄称怡海花园,他们的朝向根本看不到美丽的海景。"

这样的竞争虽然最后都卖出了自己的房子,但两位大佬似乎都开心不起来。说不上两败俱伤,但是恶意竞争肯定让利润减少了。两边都是用大降价的方式推销完楼盘的,倒是普通的购房者沾了点光,买到了便宜的房子。

生子当如李嘉诚

李兆基和李嘉诚一样都是三十多岁才结婚得子,是同级别的大佬中晚婚晚育的典范了。四叔的新婚妻子叫刘惠娟,据说是20世纪50年代参加过香港小姐选美还得了冠军的,可以说是朱玲玲、李嘉欣等港姐的前辈了。

刘惠娟女士的肚子很争气,嫁入李家之后连生了三女二男,让四叔的香火后继有人。可是豪门媳妇难做,即便生了五个孩子,刘惠娟也没能保住自己的地位。过了25周年银婚纪念日之后,被四叔以性格不合为由扫地出门。原来刘惠娟是女强人的性格,很不满意做家庭主妇,就经常以老板娘的身份插手公司的业务,让四叔很不满。时间一长,他忍受不了有一个妄图垂帘听政的老婆在身边,于是选择了离婚。

让刘惠娟心理得到安慰的就是李兆基二十多年来没有再娶,也没有传出过什么绯闻。旁观者认为李兆基既然在花甲之年离婚,不续弦实在是出于自身健康的需要,七八十岁再给儿女们找个"小妈"不是自己给家庭制造不和谐吗?

李兆基次子的名字不能不提,他叫李家诚。此家诚非彼嘉诚,不过是都姓李罢了。李家诚出生在1971年,正是华人首富李嘉诚在香港崭露头角的时候。

李家诚虽然没有李泽楷那样出彩,但也并非一无是处,他初出茅庐时帮助家族在拍卖会上竞拍地皮还真做了不少成绩。

20世纪90年代,恒基兆业在香港地产界如日中天,是历次官地拍卖会上的"擎天一指"。这个时候李嘉诚已经开始走多元化经营,不和四叔争地皮了。但是香港的地产商多如牛毛,有心人就发现只要是恒基兆业参加竞拍的地皮肯定都是好地。自己都不用做前期调研,只要跟着四叔举牌就可以了。

原来眼光好也不全是好事,无意间就为自己树起很多竞争对手。这种情况就像古玩界的新手分不清什么是真品赝品,突然发现了行家一样，知道跟着人家喊价准没错。万一对方哪一天钱没准备充分，好东西不就到自己手里了吗。可是，对于能看出真假的买家来说就吃亏了，本来打算捡漏买个物美价廉的好东西，被别人一搅和，价钱肯定就高了。

四叔面对的就是这种情况。好多人都盯着恒基兆业的代表，如果真想拿下一块地皮，就必须明修栈道暗度陈仓。正好李家诚大学毕业还没有在媒体和同行面前露过面，就让他代表自己去拍卖场。这样既能锻炼儿子还能掩人耳目，声东击西，四叔就镇定地坐在办公室等着儿子的好消息。

拍卖会上，恒基兆业的高级幕僚林高演带着一队人马坐在拍卖场的最中央，吸引着同行们的注意力。李家诚则坐到了会场的最后一排，观望前面的动静。

拍卖一开场，林高演就示意助手举牌叫价，弄得同行们赶紧跟着喊价，生怕错过一块能升值的好地皮。可是林高演仅仅喊了几轮，就放弃了，还做出了一副无所谓的样子。跟风的人眼睛都特别好使，看到林高演放弃竞拍，心想这块地也许就是一块"鸡肋"，都很果断地跟着放弃了。

这个时候李家诚就跟了上来，用了高不了底价多少的资金把这块地顺利拿到手。别人看看李家诚单枪匹马毫无气势，都以为他是哪家不知名的小公司派出来的代表，所以都没有在意。只有在场的记者出于职业习惯，开口询问这个年轻人是哪家公司的代表，好用一两句话概括本次拍卖会的结果。

没想到这个毫不起眼的人只是微笑地说了两个字"恒基"。马上就有事后诸葛亮做出恍然大悟状："我就说这个人好眼熟，有点像四叔,原来还真是四叔的二公子!"

不结婚的长子与生不停的次子

几年之后,李家诚与娱乐圈半红不紫的徐子淇在澳大利亚大婚。婚礼上,四叔送给儿媳重达16333磅的金砖,在场嘉宾都知道这份重量的寓意就是让徐子淇"一路生生生"。大家都知道金价几年来一路高歌,到了2012年,这块金砖已经价值2000万港元了。

香港娱乐圈的女明星们,说起昔日同行徐子淇,无不羡慕。1982年出生的徐子淇更是骄傲地宣称自己一定要生到33岁,目标是7个孩子。照目前的情况来看,除非她后面的三年连生两对双胞胎,否则难以实现宏伟的"造人计划"。不过她能发此宏愿,最满意的当然是李氏家族的老人李兆基。老人家笃信多子多福,最为看重自己的家族能否香火鼎盛。故每逢孙儿出世之前,他都会备上丰厚的红包重奖儿媳,带着恒基兆业的员工也都沾光,每人得到一份不薄的"利是"。

尤其是在确认徐子淇腹中第三胎为男孙的情况下,四叔专门请了香港著名的风水大师林炳南为儿媳量身择定了一个"全年最旺的吉时"第三次剖腹产子。这一次,港媒疯传四叔大方地奖励徐子淇10亿港元,对此李兆基并不否认。第三次做爸爸的李家诚也是异常兴奋,向娇妻献上了游艇一艘、重达25克拉的钻戒一枚。虽然徐大美女在怀孕期间为了给儿子补充足够的营养,自己的体重一度飙升至190磅,但是牺牲形象换来了"母凭子贵",还是比较划算的。

与弟弟不同的是，大公子李家杰一直打理父亲在内地的投资，47岁"高龄"还不曾婚配，真是急死了想抱孙子的李兆基。但知道内情的人不免要埋怨四叔一番，原来李家杰20岁的时候就认识了一个漂亮女孩，还动了成家的念头。身为"慈父"的李兆基很反对，苦口婆心地劝说儿子"20岁不懂爱情，以后的日子还长着呢，好女孩也多着呢"。李家杰很尊重父亲，就打消了成家的念头。从此以后，李家杰做起了敬业的"钻石王老五"，别说结婚了，连绯闻女友都欠奉，但后来的发展却出乎李兆基的意料。儿子竟然信仰了佛教，决意终身不娶。

李兆基真后悔，早知道这样还不如让儿子20岁就成家，这样自己也不用等20多年还见不着孙子。李家杰为了让父亲宽心，想出了找母代孕的方法，香港法律禁止这样做，他就到美国找"专业代母"。2010年6月，李嘉诚喜得双胞胎孙子，刚过一个月李兆基也晒出了自家三胞胎孙子的幸福照片。两只手环着三个孙子，80多岁的四叔乐得合不拢嘴。恒基的员工们也都跟着高兴，原来老板一高兴，每人派发了1万港元的红包。3000多万港元让3000多人与己同乐。

75岁转业为"亚洲股神"

李家杰与其他富二代最大的不同，就是他并不以自己的出身为荣。饱读诗书的李大公子认为自己一出生就有亿万家财是一种罪过，必须潜心向佛才能心安。他信仰佛教还经常向内地的名刹古寺捐钱。他还成立了"李家杰珍惜生命基金会"，劝诫世人珍惜生命,尤其提醒大家不要盲目投入股市,以免承受不住破产的痛苦而自杀。

李大公子的基金会有一点与父亲唱对台戏的味道。谁都知道李兆基在75岁时突然转行,由香港"楼神"摇身一变,成为"亚洲股神"。他成立了兆基财经,以巴菲特为榜样,大肆购买中资股,内地的大银行和保险公司都是四叔重点"照顾"的对象。李兆基从小就是商业"神童",玩算盘比人家用计算机还要快,恒基地产一百多个地盘,开工进度和面积大小,他不假思索都能报得一字不差。

李兆基、李嘉诚和郑裕彤三位大佬在中国人寿H股的投资总和超过5亿美元。但是李嘉诚和郑裕彤持有该股的时间不长,有了40%多的回报率之后就套现撤资了。李兆基则看好该股,多坚持了两年,回报率竟然高达650%,让两位老友都连说佩服。

2007年"胡润百富榜"揭幕后,一位神秘富豪横空出世,以200亿人民币的身家排在第34位。巨额财富的拥有者是一位八旬老翁,叫李兆楠,广州顺德人,人称"五叔",他就是李兆基的亲弟弟,因持有2亿股平安保险的股份而备受瞩目。

五叔讲"自己不喜欢做生意,只是帮四哥打理在内地的投资而已"。当人家问他为何选择平安保险时,他直接推到李兆基身上,"四哥出的钱、四哥选的股,我只是挂名而已。"

不过李兆基在股市也不是所向无敌,"亚洲股神"也有败走麦城的时候。他与碧桂园创始人杨国强同为顺德老乡,对这位包工头出身的后辈颇为照顾。他曾出资30亿港元资助杨国强购买邵氏在无线台的股份,虽然未果,但也显示出二人的关系极为牢靠。当碧桂园在港交所上市的时候,李兆基为了力挺老友,马上斥资10亿港元认购一只新股。冒险的结果是至今仍有4亿港元被牢牢套住。四叔德高望重，年近80的高龄、数以千亿的身家、多年来在商海驰骋的经验都使他的炒股经验成为金科玉律。四叔倒也大方，既然大家愿意听自己的意见，那就给一点意见。所以每次四叔到场的公开场合，无论什么人请他推荐股票，他都会把自己心仪的个股一一道来。

人说武林高手的内家功练到了一定的境界，不论什么招式、什么兵器都能耍得得心应手。看来四叔也是此道中人。他的兆基财经成立之初，资金规模为500亿港元，不到三年，就翻了一番，突破1000亿港元。到了2007年股灾前夕，更是达到了2000亿港元之巨。随后就是全球震惊的金融风暴了，"亚洲股神"也未能幸免。为此，李兆基调侃自己为"一个冒牌股神"，能有心情调侃至少表明这次金融危机并没有让四叔伤筋动骨。

2012年元旦刚过，四叔就趁低买进了自家公司恒基地产不少股份。没过几天，港股反弹。

2015年1月，《福布斯》杂志公布香港富豪榜，李兆基排名第二，仅次于首富李嘉诚，身家达到为250亿美元。耄耋之年的四叔，依然谱写着自己亮丽的财富篇章。

在香港的文化史上，他是一个即使再过一百年也不可被忽略的泰斗级人物。

邵逸夫：百岁的娱乐大亨

文/十二叔

六叔者，海外华人对于邵逸夫先生的"爱称"。

香港娱乐圈中人，莫不以得到"六叔"的赏识作为最大的荣光。所谓一经他品题，声价不止十倍！

他是香港货真价实的娱乐圈教父。拍摄了中国最早的有声粤语电影《白金龙》、拍摄了1000余部影片、他拥有中国数量最多的私人影院，他还建造了亚洲最大的电影拍摄基地。

他是香港富豪榜上的常客。当其他拍电影、卖电影的人以"文化人"自居的时候，六叔倒愿意诚实地承认自己是一个生意人。把电影当做生意来做，才让他成为香港前20位富豪中唯一的娱乐圈中人。

他还是一个慈善家。由邵逸夫捐助的学校、图书馆、医院几乎遍及中国每一个地级市。要说香港最有钱的人，邵逸夫排不到前10名，但是比起慈善捐款，六叔一定位列前三名。

他生于清朝，长在民国，兴起于南洋、发达在香港，主政香港娱乐公司70年，还能扶正现妻接班，自己徐徐以104岁高龄退休颐享天年，这事情在中外的商业领域都是唯一的传奇。

颜料行老板拍电影

1995年元旦刚过，香港影响力第一的华文财经报纸《信报》率先推出了香港最新的财富榜，这一次"排排坐"没有爆出什么冷门，上榜的还是大家耳熟能详的华商或者英商的大亨们，与以往不同的不过是某某的座次靠前两名或者倒退了三名。

这次排名第16位的是年近90的邵逸夫。《信报》这样介绍道："别以为香港只旺地产，1994年便不完全是地产发展商的天下，六叔踏油门飞奔，由第19位上升到第16位……"大赞他"宝刀未老""老当益壮"。

邵逸夫兄妹八人，他排行老六，所以成名后一直被尊为"六叔"。他是长在上海的宁波人，也是闯荡南洋的影院老板，他是英国女王册封的爵士，是娱乐圈获此殊荣的第一人，从他手中捐出的款项高达数十亿元。他还是"史上最年长的在任上市公司主席"，1907年大清国出生的子民，2014年1月7日逝世，享年107岁。

内地人知道邵逸夫的名字除了曾经辉煌的邵氏电影之外，恐怕最多的还是各地学校随处可见的逸夫楼、逸夫图书馆等公益项目。

1985年是一道分水岭，从这一年开始，邵逸夫平均每年都拿出1亿多元用于支持内地的各项社会公益事业，至今已经捐出数十亿港元。

六叔做慈善历来都是高调进行，为了争取自己捐助的图书馆、教学楼、医院的命名权不遗余力。坊间传闻，虽然全国各地的大中小学都能看到"逸夫楼"，但这些建筑并非邵逸夫全资捐助。甚至有的建筑物已经筹措到了过半资金，向六叔求助的时候，他都会毫不客气地署上自己的名字，将功绩据为己有。当然也不乏当地政府部门主动向香港同胞示好，与邵逸夫合资盖好图书馆之后，主动提出使用"逸夫图书馆"这一著名"商标"。

1957年，已经50岁的邵逸夫从南洋来到香港发展，逐渐成为20世纪以电影起家的最大富豪，当之无愧的"娱乐教父"。位于九龙区清水湾的邵氏影城，也被冠以"制造梦幻的工厂""东方好莱坞""远东第一电影帝国"等尊荣。

不过邵逸夫并不是来到香港以后才开始发迹的，来香港之前，他和几位兄长在上海、在南洋的电影圈做得风生水起，出品已经做到家喻户晓了。

邵逸夫出生在东海之滨的富庶之地浙江宁波。这里素来就是商贾云集之地，也是大清国最早一批的通商口岸，宁波人很早就因为善于经商而名闻天下。说起近代的宁波帮，有名有姓的成功人士真是一抓一大把：朱葆三、虞洽卿、刘鸿声、张啸林等黑白两道的头面人物都是宁波人。他们几乎掌控了上海的金融业、航运业、五金业、药业和颜料业等行业。

邵逸夫的父亲邵玉轩也和这几个同乡一样是经商好手，开了一家规模很大的颜料行，很早就把生意做到了大上海。邵逸夫接受的是新式教育,中学就读于"江南第一学堂"的叶氏中兴学校,和世界船王包玉刚是校友,香港回归后的第一任行政长官董建华也是邵逸夫的老乡。

邵玉轩是颜料行的大老板,谈生意免不了吃喝应酬。一日,有朋友请他看了一场电影,让邵氏家族与电影结下渊源。当时看一场黑白无声电影,比现在去影院看3D版的《阿凡达》《龙门飞甲》还要时尚。观影者都很好奇为什么一块白布上会凭空出现山水花鸟,能动的人畜。就算是皮影戏,也需要道具。

邵玉轩眼光长远,当别人还在为新鲜的电影做义务宣传的时候,他已经打起了染指电影业的主意。邵玉轩迈出的第一步就是收购上海的"笑舞台"剧院,经营起电影拷贝的进出口生意。"笑舞台"也成为邵氏家族拥有的第一家院线。

邵逸夫的父亲赶时髦,颜料行做大了就敢跨行投资娱乐业,与后世的煤老板钱一多就投资拍电影有异曲同工之妙。不同的是,邵氏从放电影到自己拍电影再到邵氏电影帝国的形成,获得了极大的成功。

在无声电影时代,上海滩流行的是卓别林的滑稽剧,而中国自己的纪录短片并不怎么受欢迎。受到父亲的影响,邵逸夫兄弟开始制作起了小电影。律师出身的大哥把几个弟弟召集起来,一起搞了个"邵家家庭作坊",自己做导演、老婆做主演、二弟做编剧、三弟负责发行、老六邵逸夫是摄影师兼业务。一大家子人简单分工就玩起了拍电影,颇有些文艺青年玩票的感觉,但就是这样简单的分工,竟然拍出了中国最早的故事片和武侠片。《马永贞》《立地成佛》《女侠李飞飞》等就是最早的"邵氏出品",当时"邵氏作坊"的大名是"天一电影公司"。

他们的"家庭作坊"拍摄第一部电影花了2000大洋。这笔钱按照购买力来说，在当时足够十几个家庭一年的花销，在一般老百姓眼中他们几个拍电影无异于烧钱行为。可谁能想到就是这白花花的2000块大洋像滚雪球一样，滚出了邵氏无人能及的影视帝国，滚出了邵逸夫80多年的财富和名声！

这么能干的宁波一家人却没有融到上海滩娱乐界的灰色圈子里，他们很快就遇到了麻烦。新中国成立前，上海的娱乐界可不是谁有才谁就被公认的，电影院、电影公司如果没有帮派的背景很容易被欺负的。邵氏兄弟自娱自乐，逐渐有了起色的时候，有人看不下去了。

"木秀于林，风必摧之"。怎么挫挫邵氏的锐气？上海原来的几家影片公司大佬坐到一起，说电影圈可不是说来就能来的，怎么突然杀出来这一家"外江佬"，于是一致决定"联合封杀天一"，谁都不买"天一"出品的影片，看他们如何生存。这是邵家兄弟初次遭遇影视娱乐圈的潜规则，也为他们以后在香港站住脚，能应付复杂的黑白环境提前"热了热身"。

一个世纪前的老"南漂"

面对这种被"封杀"的困境，兄弟几个想想，不能坐以待毙。老三邵仁枚拿起一张地图苦苦思索，他在想中国如此之大，难道离开上海，就没有活路了吗？邵逸夫在一边看着哥哥们发愁，他说：

"三哥，想什么呢？你的手都伸到外国了！"这句话让苦无对策的邵仁枚眼前一亮，"外国，我怎么没想到呢？外国人也是需要看电影的。"

兄弟几个再往下分析，一致认为东南亚是最合适拓展的海外市场。因为这里华人最多，华侨们对家乡的电影肯定是欢迎的。于是，大哥拍板，让老三邵仁枚带着老六邵逸夫到南洋开拓市场。

他们到南洋的第一个落脚点是新加坡，在这里两个人完全是圈外人，被本地片商视为"入侵的外敌"。两人一商量，城市竞争压力大，咱们就专门往郊区发展，最后来他个"农村包围城市"不也挺好？

但是，七十多年前，两个富二代年轻人创业激情四射，在热带特有的闷热、多雨的城乡结合部放起了露天电影。每天天不亮，俩人就开始准备一天的工作，你清场地、搭帐篷、检查机器，我就拎着糨糊桶，走街串巷到处贴自制的电影海报。一天早中晚三场电影放下来，常常累得胳膊都抬不起来了。最让邵氏兄弟难受的是热带地区的蚊虫叮咬非常厉害，哥俩出去放露天电影，每次回来都被叮得一身大包。他们的对策是一天两次冷水浴，然后买很多胡文虎制作的虎牌万金油涂抹全身。就这样，哥俩在南洋"巡回演出"了好几年，终于积攒了一定的资本，"邵氏兄弟公司"也在新加坡挂牌成立了。

小小的南洋，成为多少华人富豪"梦开始的地方"，但是娱乐大亨邵逸夫和报业大亨胡文虎必在其中。一个放电影的年轻人和一个靠卖万金油发家的中药铺小老板在若干年后都成了华人文化圈的富豪。

新加坡对于邵逸夫来说意义非比寻常,除了是他们兄弟发迹的宝地,还是他与发妻黄美珍相识的地方。

邵逸夫第一次见到黄美珍小姐是在新加坡富豪余东璇的宅邸。余东璇是闻名东南亚的药店老板,有个年轻漂亮的女朋友再正常不过了。他没想到看起来老实的邵逸夫竟然悄悄和自己的小女友暗生情愫。一开始,余老板还有些气恼,觉得邵逸夫这个年轻人做事不地道。不过他很快就想开了,小女朋友多得是,既然他们两个人情投意合,硬要拆散了也显得自己不大度,不如成人之美,让这对小夫妻都念自己的好。

这样,邵逸夫在余东璇的首肯下,娶了人家的女朋友,还在婚礼当天大大方方地收下了余老板差人送来的50万元的"大份子"。敢想敢做、敢做敢当,身为"娱乐教父"的邵逸夫在75年前亲自演绎颇具娱乐精神的第一段婚姻。

30年后,"邵氏兄弟电影公司"独占香港电影圈时,很少人会想到创业阶段的"六叔"还曾在新加坡跌跌撞撞地摸索成功的方向。他们兄弟也没有预料到会有那么大的事业在前方招手,只是忙着埋头拿下南洋的一个又一个村落。两人的辛苦没有白费,到二战之前,兄弟俩在东南亚已经拥有100多家电影院,成为比父亲更加成功的商人。

这时,美国出现了有声电影,邵逸夫脑子转得很快,他意识到,无声片用不了多久就会被取代,应该尽早做准备,到美国购买放映有声电影的设备。邵逸夫眼光确实长远,他早就知道往美国这种先进的国家"实地考察",寻找商机。

这次,他花了一个多月的时间赶到美国,见识了好莱坞的拍摄基地，为其片场宏大的气势惊叹不已。后来他到香港之后第一件事就是建立规模庞大的邵氏拍摄基地，与此行大有关系。以前好莱坞都是直接将拷贝卖到东方，邵逸夫恐怕是第一个到好莱坞取经的影业公司老板。当然他在那里只不过是无名过客，没有能进入世界一流的影视圈。即使没有融入好莱坞的电影圈，邵逸夫也学到了先进的方法论，还是满载而归。

他回来后，又和大哥"兵合一处"，在香港摄制了一部成本是1万元的粤语有声电影《白金龙》。这部片子的上映毫无阻碍，渠道商纷纷买账，得以在香港和上海两地同时上映，场场爆满，盛况一直延续了几个月之久。后来，他们又通过自己的发行网络将这部片子传播到东南亚，反响也相当热烈。用不着"首映典礼"、"造势宣传"，《白金龙》这部制作上并非完美的电影已然非常火爆。《白金龙》为邵氏兄弟带来了100万港元的纯利润，转换成现在的市值，就是亿万富翁了。

《白金龙》带来的100倍的暴利成为邵氏兄弟今后更加吃苦耐劳的重要动力。

此役之后，"以香港为基地，将南洋做市场"成为邵氏新的战略方针。老大邵醉翁留守上海，继续经营兄弟几个起家的大本营"笑舞台"；老二邵邨人在香港拍电影，供应上海和南洋的市场；老三邵仁枚和老六逸夫继续在南洋扩展戏院业务。

邵邨人在香港待久了，看到人家炒地皮很挣钱，就对拍电影失去了兴趣，一头扎进了地产业扑腾。香港没有新的影片出来，自然影响上海和南洋市场的业绩，邵逸夫在这种情况下，所谓是受命于危难之间，身负维持邵氏影业的重任，再次踏上了香港这块"既熟

> 当其他拍电影、卖电影的人以"文化人"自居的时候,六叔倒愿意诚实地承认自己是一个生意人。

悉又陌生"的土地。

当功成名就的邵逸夫接替二哥掌管香港的邵氏电影公司时,才明白二哥不是不喜欢拍电影才"移情别恋"的,真正让二哥对电影热情减退的原因是同行的竞争太激烈了。

既然二哥不能适应电影行业激烈的竞争,醉心于买进卖出地产物业,而家族又不甘心坐失香港的市场,人到中年、精力旺盛的邵逸夫当机立断代替了二哥的位置,开启了香港电影的"邵逸夫时代"。几十年之间的"邵氏电影公司"实行的是以六叔为核心的"中央集权制",公司上上下下只跟随他一个人足矣!

六叔坚持拍商业片

回到香港的邵逸夫看到二哥手头有一块地皮,位于九龙的清水湾。这里面朝大海,风景如画,用来做片场再合适不过了。他怕别人也惦记上这块宝地,马上从二哥手里买了下来。其实那时候清水湾离市区又远,交通又不方便,没有什么人和邵逸夫有相同的眼光。

这块地花去了邵逸夫30多万港元，每平方英尺折合0.45港元。也许二哥和他都没想到，在他漫长的有生之年这里的地价会上涨多少倍。

邵氏影视基地虽然在市郊筹建，但不妨碍邵逸夫在市中心高价悬赏好剧本。香港的一些剧作家们纷纷带着自己的得意之作，上门兜售。香江才子们自以为充满艺术气息的大作都入不了邵逸夫的法眼，都被枪毙掉了。

当时香港电影界和政治圈联系非常密切，这些人把电影当成了宣传党派观点的手段，非要让电影承载"以正视听"和"唤醒民众"的积极作用。可是有多少老百姓喜欢花钱到电影院去听说教？

邵氏高调征集过剧本后，精心打造的《貂蝉》上映了。观众对这部影片的评价褒贬不一，。原来邵老板只是现实的商人，他要的不是"纯文学"，也不是"艺术片"，他只是要合乎大众口味的、趣味性强一点的通俗影片就行。

有人很不服气，斥之为"低俗"。邵逸夫理直气壮地回应："我经营邵氏影城是做生意的，我宁愿专门向大家都中意的娱乐片着手！若拍艺术片，我宁愿捐钱给香港艺术中心或支持艺术节。"

邵逸夫很敬业，他每天都要到影城观看至少2部影片，最高纪录是一天看9部。有人就打趣说他是世界上看电影最多的人。他审阅脚本也很有意思，从来不跟导演打太极，而是直接在批注栏标注明确的修改意见。邵逸夫我行我素，他既不左倾，也不右偏，对政治题材不感兴趣，坚持拍自己的商业电影，并在香港电影界领域飞速发展，遥遥领先。

50年前，邵氏最大的竞争对手是与他一样走商业路线的电懋公司，两家经常争得你死我活、两败俱伤。其实，在邵逸夫接管公司前，二哥手中的"邵氏父子公司"的确无法跟电懋相提并论。电懋的老板是新加坡巨富陆运涛，这个人无论是摄影技术，还是经营管理方面都很有一套。他从新加坡来到香港，先在清水湾建立了片场，然后网罗了大批人才，像正走红的林黛、林翠、葛兰、叶枫等影星都曾聚集在陆运涛麾下效力。

在南洋，陆氏与邵氏就是对手。现在两家先后来到香港，又做了同行。邵逸夫掌权之后，最大的动作就是从电懋"挖角"，与之展开了一场激烈的"人才拉锯战"。当时香港的知名演员、导演几乎都在电懋，很长一段时间里都是邵氏在主动进攻，而电懋则处于消极防守的状态。陆运涛一时轻敌，给了邵逸夫可乘之机，让他有机会精心谋划，分化瓦解了电懋的大本营。从成功争取到最当红的女演员林黛开始，电懋其他当红演员都没能禁住"邵氏糖衣炮弹"的"袭击"，纷纷倒戈。最后，邵氏自己一手打造了以邵氏为核心的影视圈，拉风得很。

当邵逸夫的对手们几乎都去世了，他还不言退休，后来都100多岁的高龄了还在主导公司的业务。1964年，台湾金马奖颁奖典礼邀请了陆运涛夫妇和邵逸夫一起来观礼。邵逸夫因临时有事没有与陆氏夫妇乘坐同一班次的飞机。结果，飞机发生空难，邵逸夫最大的对手竟然以这样一种方式结束了两家公司之间的比拼。

有好事的媒体前去采访邵逸夫对陆运涛的遇难有何感想，邵逸夫回答：陆先生人品高洁、对香港电影功勋卓著等，还说对陆先生的辞世万分遗憾。影视圈从来都是人脉为主，是老板生意，这次大老板陆运涛盛年撒手归西，又没有培养接班人，电懋群龙无首，导演、制片、演员各有打算，于是很快星散分家，电影界自此进入邵氏一家独大的年代，而且维持了几十年。

六叔圈子里的明星大腕们

邵逸夫经营邵氏电影公司，绝对是内行管理内行。他精通西方电影体制，很早就知道用长约拴住演员、导演，还擅长炒作明星的私生活，制造新闻点。当然，慧眼识珠也是六叔培养班底、打造自己圈子的一种底气。

电影圈名演员、名导演很多，邵氏电影公司推出的电影一路拿奖，一片星光灿烂。但是众明星只会将一个人奉为"明月"，乖乖地围在他的周围。

如果把六叔看作东家，那么与"邵氏"签了长约的导演、演员们就是给六叔"扛活"的长工。跟着六叔打工比为地主老财打工要幸运多了，邵氏的"长工"不但有利还能出名。但是在娱乐圈中的"明星"都不是一般人，领导这样一群"明星"一起在名利场上起舞，少不了一个又一个斗智斗勇的段子。

大导演李翰祥与六叔多年的恩恩怨怨绝对算得上电影圈内的大事；重金礼聘而来的宣传人才邹文怀为邵氏电影立下了汗马功劳之后又高调出走创办嘉禾，与邵氏打擂台，也是香港当年各家报纸的头条新闻；金牌导演张彻最初能得到六叔的关注竟然是因为他与六叔唱了反调？"邵氏"初建时期四处挖角，到了后期又屡屡被对手

"挖墙脚"。李翰祥可是电影界的一位全才，无论做导演还是做编剧都是一把好手。他是北方人，毕业于北平国立艺术学校，科班出身。1948年，22岁的李翰祥只身赴港，来圆自己的电影梦。一开始这个满口普通话的内地来客并没有得到圈内人的赏识，只能游走在各家片场之间做兼职、打游击。这段不得志的经历没有让他消沉，反倒练就了他一身十项全能的本事。

邵邨人老成持重，提醒六弟此人的本事和脾气一样大，暴脾气一旦发作什么人都敢得罪。如果真要起用，要做好心理准备。也有人向邵逸夫打小报告，说李翰祥一直不得志的原因是他拍起电影来大手大脚，一点都不知道替老板省钱。

邵逸夫见过的人很多，他认为应该先约李翰祥畅谈之后再作打算。他迅速发现李翰祥是性情中人。李导演看到六叔确实是真心实意要拍好电影，也就痛快地答应下来。不过，他给六叔提了几个意见——他希望六叔能将以前邵氏公司错过的好演员再请回来，然后适当提高这些"长工"的片酬。急于在香港做出响亮成绩的六叔也一一答应了。

新影片《貂蝉》的剧本敲定了，导演敲定了，布景、服装、道具都是香港第一流的，李翰祥想一炮打响。可是女主角的人选不好说，原来李翰祥心中，最合适的貂蝉非女星林黛莫属。可是林黛虽然在以往的邵氏拍过两部片子，但二哥没能留住人才，这位当家花旦早被电懋电影公司的陆运涛挖走了。

邵逸夫很重视李翰祥的意见，为了争取林黛回到邵氏，可谓煞费苦心。一方面，他打出了感情牌，让曾经与林黛共事过的圈内好友出面，天天请林黛吃饭，饭局当中那是"动之以情、晓之以理", 游说林黛重返邵氏。另一方面，一向悭吝的六叔打出了金钱诱惑，不惜以高出电懋两倍的丰厚片酬来打动林黛。

林黛在电影圈打拼多年，如果仅有漂亮的脸蛋和出色的演技显然是不够的。她同时还有精明的头脑和审时度势的眼光。林黛知道电懋公司与自己竞争的漂亮女演员太多，很多时候重头戏不一定能落到自己头上。但邵氏就不同了，此刻正是六叔准备重整山河、招兵买马之际，自己若是去了邵氏，肯定会被重用的。与其等待邵氏做大之后去锦上添花，不如现在来个雪中送炭，倒显得自己有远见。况且两倍的片酬也是不小的诱惑，同样的付出，谁不希望酬劳更多一些？林黛综合考虑之后，就选择了"性价比高"的邵氏电影公司作为自己新的东家。

果然《貂蝉》首战告捷，一时间港岛人人学唱电影黄梅调的插曲。同年的亚洲电影节上，《貂蝉》一举囊括了最佳导演、最佳编剧、最佳女演员、最佳故事片等六项大奖，成全了六叔、李翰祥、林黛的心愿，也打破了与长城和电懋两家电影公司分庭抗礼的局面。邵氏此后继续蚕食鲸吞，独享了香港电影界二十几年的风光。

李翰祥又携手林黛推出了《江山美人》，再次获得巨大成功。庆功宴上，发生了一件不大不小的事情，让林黛欠下六叔一份人情债，此后她对邵逸夫忠心耿耿，至死方休。

事情因林黛的母亲而起。林母主动向邵逸夫敬酒，但六叔以"已然喝多了"为由谢绝了林母的敬酒。林母面子上过意不去，又加上喝得七分醉了，就扬起酒杯，当众泼了邵逸夫一脸。全场震惊，都以为六叔会震怒之下将林母赶出大厅。没想到六叔轻描淡写的一句"老夫人喝多了，大家不用见怪。"林黛也害怕老板事后会给自己穿小鞋，但是邵逸夫像是忘了这件事，从来也不提起。这一次过招让林黛心服口服，发誓只要"邵氏"有六叔在一天，她就不会主动离开这里。

李翰祥因为《貂蝉》和《江山美人》的成功而成为香港各家电影公司争相挖角的香饽饽。但无论别人给出多么诱人的条件，李翰祥都不理睬，继续埋头为邵氏效力。原来早在二哥邵邨人时代就用一纸内容详细的合约牵制了李翰祥，白纸黑字的八年长约，李翰祥就是有心另谋高就也不敢轻易撕毁合约！

六叔的算盘打得比二哥还要精，对合约的利用更加慎重，可以说是字斟句酌、天衣无缝。据说三十多条合约内容，条条都是站在公司的角度设计，对"长工"是相当苛刻的。李翰祥后来回忆说："当时年轻，只要有公司肯签自己，别说八年了，八十年也愿意的。可是一旦闯出名号，合约上的每一条内容都像是齐天大圣的紧箍咒，你蹦得越欢，脑袋就越紧越疼。"看来，签长约是六叔"驭下"的一张王牌，牢牢地将人力资源攥在自己手里。

签长约的好处很多。如果"长工"是没有被捧红或者没有获得观众的认可，大可随便拿出一条合约说你违约，炒你鱿鱼。遇到不听话的"长工"也好办，不给你上镜的机会，不宣传、不包装，挣不到邵氏的片酬，也不能到别家发展，雪藏你三五年就够了，大多数人都禁不起这样的"优待"，变得乖乖听话。

李翰祥导演的作品反响很好，有不少公司等着挖他。李翰祥一开始很自信，心说六叔论功行赏的话，自己在邵氏就赚得很多，日子很好了，何必另谋新主。可他没想到不管自己付出多少，得到的酬劳还是当初合约上的数目。一方面是其他电影公司不断"拉拢腐化"，一方面是六叔的毫不松口，李翰祥终于爆发，负气撕毁合约，离开了邵氏。

李翰祥到台湾开办了国联电影公司，还将当时在邵氏清水湾影城的班底挖了几个人过来，令六叔非常生气。邵逸夫就以李翰祥单方面终止合约为由，一纸诉状将李导演告上了法庭。结果自然是邵氏胜诉，得到了30万港元的违约金。为了自由李导演成本付出得很高。

所谓没有永恒的敌人，只有永恒的利益。形势变化后，同样是一个圈里面的邵老板和李大导竟然握手言和了！这是因为邵氏另外一员干将邹文怀的出走与自立门户，对邵氏造成巨大压力，于是邵老板迅速组织统一战线，重新延揽了李大导。当时邹文怀成立嘉禾，还带走了邵氏不少精兵干将，让六叔一时没有可用之人。而李翰祥在离开邵氏之后，虽然是痛快了，但是电影圈靠的是资源，更依赖物质基础，他找不到比起邵老板更大的金主，自然打拼得异常辛苦。邵老板的红颜知己方逸华小姐就代表六叔出面盛情邀请，李翰祥再次返回"邵氏"。这一次李大导演主动提出片酬和以前一样，每月开工资就行了。六叔也作出了让步，对李翰祥提出的大场面要求不再斤斤计较，批起钱来大方多了。

大导演张彻也是六叔招揽的人才之一。有人说"邵氏"在全盛时期虽然人才济济，但只有张彻才是最能代表邵氏电影辉煌时期的导演。原因是胡金铨开创了邵氏电影武侠新天地之后隐退到台湾，后来的成就都是在离开邵氏之后取得的；李翰祥虽然水平高、获奖也多，但是他几次出走又回来，血统不纯；楚原导演风格多变，但精力分散之后，很难拿出代表其最高水平的作品。而张彻被六叔招安之后，一生只为"邵氏"拍片，不管是作品质量还是票房收入都令人满意。

他们两个人的相识很有戏剧性。那是1966年，邵氏重磅推出了一部武打片《天下第一拳》，好评如潮。偏偏就有一个跟大众唱反调的影评人说这部影片"阴柔有余，阳气不足"。还拿好莱坞作比较，说邵氏不是一向标榜向好莱坞看齐吗，怎么人家男有马龙白兰度、女有梦露，而你们却总是依靠女主而忽略男主？邵逸夫看到这篇评论先是一笑，认为有人在妒忌自己的票房好故意在泼冷水。如果仅到这一步，也只能说他度量宽宏，算不得慧眼识珠。后来，他自己又琢磨了下这篇评论，感觉确实存在这样的事实，就让人把作者邀到公司好好谈一谈。

这位年轻人就是后来的大导演张彻。他凭借一篇唱反调的影评获得了大老板的注意，也可以说是比较成功的出位方式了。不过要是张彻没有真材实料，邵逸夫给他再多的关注也没有用。就这样，一方盛情挽留，一方正在寻找成名的机会，两人一拍即合。

张彻跟对了老板，连续推出了多部影片都取得了很好的市场反响。张大导演名声愈大，而邵大老板则是名利双收。张彻如果还在影评界混，谁能看出他的导演天分？可见入对了圈子，才能对自己的发展有利。

最强的对手都是自己造就的

陆运涛去世,"电懋"每况愈下。但是六叔高枕无忧的日子没过几年,更为强大的对手嘉禾问世了。对此,圈内人用一句谐语表达了这一事实:"一鸡死,一鸡鸣,吵得六叔不安宁"。嘉禾的出现,江湖上公认有一个重要的"推手",她就是六叔的红颜知己方逸华女士。

到了六叔逍遥江湖的时候,手底下美女如云,花边新闻也是层出不穷。六叔也骄傲地宣称自己"风流而不下流"。不过,最终登堂入室成为第二位邵太太的却是一名女强人型的美貌小姐——方逸华。

六叔与方逸华相识在南洋,当时六叔是戏院老板,方逸华则是当红歌星。两人最初交往没有什么新意,就是娱乐大亨捧当红女艺人的老套路。当时邵逸夫帮助方逸华陆续出了几张唱片,还请她为自己公司的黄梅调电影配唱。

不过,时间就是催化剂,感情如果能持续半个世纪,再普通也会有感动人心的力量。张学良和赵四小姐是一例,邵逸夫方逸华又是一例。1997年,邵逸夫在发妻黄美珍过世10年之后,主动提起要和追随了自己40多年的方逸华办一场婚礼。90岁的新郎和62岁的新娘交换戒指的瞬间,让无数年轻恋人们大呼浪漫。又过了17年,年过百岁的六叔终于光荣退休了,让人们猜测多年的接班人问题也不再是悬念,落在79岁高龄的"六婶"邵方逸华肩上,而不是同样年过古稀的长子邵维屏头上。

方逸华原本可以本本分分做一只听话的"金丝雀",退出歌坛，为老板"洗手做羹汤"。但她事业心很强，或者说有抓权的欲望，不甘心只做成功男人背后的女人，殚精竭虑想进入"邵氏"管理层。

这位曾经的红歌星是一位管理型的人才，她进入公司之后，帮助六叔做了很多重要的决策。如大力促成李翰祥重归"邵氏"、鼓励六叔在电影业的全盛时期竞投无线电视业等都是方逸华的功劳。

方逸华掌权初期，做的对公司影响最大的一件事就是"排挤"邹文怀，为"邵氏"竖起一个对峙了十年的竞争对手。

邹文怀素有"宣传鬼才"之称，在邵氏担任宣传经理，很有影响力。当初为了争取邹文怀来到邵氏，六叔可没少下功夫。那是多年前六叔初掌大权的时候，称心的导演、演员都到位了，唯一的遗憾就是缺少一位专业的宣传人才。

开电影公司，宣传太重要了。在上海老乡吴嘉棠的推荐下，六叔记住了"邹文怀"这个名字。六叔从吴嘉棠口中了解到邹文怀比自己小二十岁，是上海圣约翰大学新闻系的高才生，对电影宣传很有研究。

虽说有吴嘉棠的介绍在前，可是初次与邵逸夫见面的邹文怀丝毫不敢放松。他像第一次接受面试的毕业生一样，见面之前对邵氏电影公司的发展概况做足了功课。果然，精明的六叔没有因为老朋友的称赞就放弃自己的用人原则，他摆出一副礼贤下士的姿态，向邹文怀"请教"：邵氏与长城、电懋相比，如何才能立于不败之地？

邹文怀的确是不可多得的人才，他在研究各家电影公司的发展轨迹之后，早就有了自己独到的看法。现在六叔问起，他从容应对:"香港虽然有大大小小十几家电影公司,可是在您来港之前,很明显以长城和电懋为首。电懋在陆运涛先生的悉心经营之下,人才荟萃,自不必说。长城也有夏梦、石慧、陈思思等三公主坐镇。如今邵老板来港振兴邵氏电影,三足鼎立的局面马上就要到来。"

这些话邵逸夫早就知道,并未显示出邹文怀多么出众,因此他不动声色,等着邹文怀继续往下说。"据我分析,邵氏后劲十足,所以三足鼎立只是暂时的,相信用不了多长时间,邵氏就会成为香港电影界的龙头!"这番话说出口,六叔很满意。邹文怀就自己的推断又说出了一二三点宣传策略,六叔听得两眼放光,知道自己这次真的请对人了。

从这一年开始一直到1970年,邹文怀在邵氏做了11年"长工",立下的绝对是汗马功劳。据说他的办公室就在邵逸夫办公室的隔壁,内有小门直通,随时可以面商公司大事,可见六叔对邹文怀的器重程度。

邹文怀在公司职位不算高,只是宣传部主任后来升为制片主任。但是他的实权很大,威望很高,几乎就是"一人之下万人之上"的角色。他在员工中颇有人缘,身边经常聚集一大群献殷勤的导演、演员。邹文怀倒没什么感觉,但时间长了,加上有人打小报告,邵老板不由不生出疑问:这人这样善于笼络人心,想干什么呢?

六叔一起疑心,邹文怀的日子就不好过了。当时已经有电影公司开始实行合资制度,邹文怀等公司元老非常心动,希望有朝一日,也能成为公司股东。但是邵老板习惯将财务大权牢牢掌握在自己手中,与下属之间只能是雇佣关系,不可能发展为合作关系。邹文怀与发行部经理周杜文曾经向六叔提议效仿西方新的制片人制度，为贡献比较大的员工"分红"，被六叔毫不犹豫地拒绝了。这一次分歧为邹文怀的出走埋下了伏笔。

等到六叔的红颜知己方逸华正式进入邵氏，不动声色地从一名普通员工做起，逐渐升到了能够威胁到邹文怀地位的高度。方逸华升到高位之后，处处制约邹文怀，不仅多次让他签名的财务报单失去效用，对他这个制片人提交的工作计划也有很多不同意见。方逸华的举动逐渐让邹文怀心生不满。

也许邹文怀原本并没有另起炉灶的意思，但为了争夺"话语权"，还真就逼出以邹文怀为首的"一伙造反派"来。有人"造反"，就少不了有人向老板"告密"。邹文怀被老板"逼"出公司了。

精明的邹文怀，离开时他还带走了一批随他一块儿在邵氏电影打拼了十年的得力助手。据说刚传出邹文怀出走的风声时，他平时的思想工作见成效，有不少人想跟着一起走的。但是六叔为了避免公司出现大骚乱，果断采用加薪的方法挽留了大部分人才，跟随邹文华离开的都是他的铁杆班底。人数虽然不多，但胜在团结一心、气势高涨，大家都憋劲儿要与老东家一争高下。正是这个班底，让嘉禾从名不见经传的小公司迅速发展壮大，几年之后，成为邵氏电影最大的竞争对手，甚至迫使邵氏最终"息影"。

邹文怀追随邵逸夫多年，对邵氏电影公司的操作模式一清二楚，对其利弊也深有体会。他看到好莱坞各大公司在20世纪70年代已经变革，对业务进行创新，就是电影公司不再独立担任制片，而是寻找投资人利润共享，风险共担，至于影片的权益划分就以出资的多寡来决定。

嘉禾财力不足，思量之后也随之选择了制片人制度，虽然收益有可能降低，但风险也小了很多。六叔那里还是顺风顺水，打着望远镜找不到对手，因此也就安心地遵照好莱坞鼎盛时期的模式来搞，对这个新鲜的制片人制度毫不理睬。双方截然不同的态度为将来的对决埋下了伏笔。

嘉禾钱少人也少，最初拍的几部片子反响都很一般，其中王羽主演的《独臂刀大战盲侠》还惹得邵氏和他们打起了官司。虽然嘉禾最后胜诉了，但败诉的前老板邵逸夫却说："你们就凭七八个人、几条破枪，是成不了什么气候的。"圈内人也都点头称是。

官司的起因很简单，王羽还在邵氏的时候，曾经出演《独臂刀》而成为当红小生。这一次离开邵氏进入嘉禾还要拍"独臂刀系列"的故事理所当然被邵氏认为侵权。据说当时对簿公堂的场面异常火爆，你来我往的唇枪舌剑比剧中的打斗场面还要紧张激烈。六叔还特意从英国请了律师回来助阵，但嘉禾采取了拖延战术，一直将官司拖了好几年，最后嘉禾侥幸获胜。

真正让嘉禾公司"咸鱼翻身"得以壮大的是李小龙的出现。这位功夫之王除了擅长截拳道、双节棍之外，还很喜欢当电影明星的感觉，但是在美国只是跑跑龙套让他很不高兴。看到香港的电影市场也很繁荣，李小龙就回港寻找机会。

一般人处在李小龙当时的身份，肯定首选邵氏这个规模最大的电影公司合作。邵氏对名声在外的李小龙也比较欣赏，对合作也比较热心。

双方一谈价，李小龙开价每部片酬1万美元，这个价位让邵老板心生不快。他对人说，我手底下最当红的明星也不过5000元港元，你一个美国回来的武师怎么敢开出这么高的价。你这不是漫天要价吗？那我就地还钱，2500美元。

李小龙一听这个价格没法合作，就又回美国继续开武馆去了。也不怪六叔太计较，因为当时李小龙只在美国拍过一部并不红火的电视剧《青蜂侠》，香港的观众对他并不熟悉。况且邵氏公司自己培训出来的武师一个月才拿300元港币薪金，两相对比，他肯定不会答应李小龙的要求。

方逸华倒是劝过六叔，说李小龙也许会成功，不如签了他。再说我们邵氏如果错过了李小龙，难保别家公司不会趁机捡便宜。六叔心意已决，他想自己公司什么明星没有，才不会为了一个还不出名的演员如此破费。这一次坚持，让六叔追悔莫及。

邵氏这一次给了邹文怀一个天大的机会。他本钱小，敢赌，于是马上派人到美国拜访李小龙，并且咬牙拿出7500美元作为第一部影片的酬劳。钱虽然不多，但比起财大气粗的邵氏却显得有诚意多了。李小龙略一思索，也就答应了。

7500美元，促成了李小龙和嘉禾共同的"白金时代"。一个天生的动作明星，一个专业造星的电影人，两相碰撞，造就了华语动作片的新巅峰时刻。圈子建立起来，票子也滚滚而来。

李小龙与嘉禾合作的第一部电影是《唐山大兄》。由于嘉禾刚刚成立，资金薄弱，所以《唐山大兄》是与四维公司合作推出的。四维公司的当家人罗维与邹文怀一样都出自"邵氏"。罗维是导演出身，与张彻同时效力于"邵氏"。但是有张彻珠玉在前，并非"才华横溢"的罗维并不怎么受重视，当邹文怀另立山头的时候，罗维也趁机撤离"邵氏"。

《唐山大兄》是在泰国拍摄完成的，以今天的眼光来看，动作设计、画面处理上远非完美。但是有真功夫的李小龙让影迷们兴奋不已。影片一经公映就轰动了全香港，创下了320万港元的最高票房纪录。李小龙也一跃成为功夫巨星，红遍东南亚。等到第二部李小龙电影《猛龙过江》上市，创下500万港元的空前票房纪录时，嘉禾终于登堂入室，打破了"邵氏"多年的老大地位，隐然有了并驾齐驱的架势。邹文怀在接受记者采访时满脸兴奋，大谈发展远景。有媒体还去采访六叔对李小龙这条"过江猛龙"的看法，吃了闭门羹。

在李小龙生前，没有加入"邵氏"。但李小龙死后，六叔却利用他与女星丁佩的暧昧关系，拍摄了一部丁佩自己编写的《李小龙与我》的电影，希望能够借此重振"邵氏"雄风。但是影迷并不领情，直到现在，也没有多少人愿意相信这部影片所爆料的李小龙的死因。嘉禾成立不久，就重磅推出了宣传口号"嘉禾贡献，最佳影片"。谁都看得出来这句话明显在针对"邵氏出品，必属佳片"。六叔为此事着急上火，郁闷之极。恰好适逢他66岁，让一向渴望长命百岁的六叔更加不安。原来民间有66岁是一道坎的说法，"人活六十六，不死也要掉块肉"的俗语让邵逸夫很长一段日子都心神不安。

红颜知己方逸华就为老板想了个招，为他请来一位精通旁门左道的"能人异士"。来者也不客气，直接向六叔要了六万港元，说要为他打造两副小棺材摆在办公室冲霉运。说来也怪，自从办公桌上多了两副精致的"特殊工艺品"之后，六叔的确转了

> 要说香港最有钱的人，邵逸夫排不到前10名，但是比起慈善捐款，六叔一定位列三甲。

运，不但电影《七十二家房客》大卖，连邵氏的股票也赶上了很长时间的牛市。

与邵逸夫和邹文怀都打过多年交道的张彻说："邵、邹二人都是头脑聪明，有魄力的人才。无邵逸夫的勤奋，香港电影不能如此高速起飞；无邹文怀的善于放权，不能从工场解脱而迅速建立独立制片人制度，在工场衰落后，香港电影就不免会有一个时期处于低潮如美国、日本。两人先后相承，维持了香港电影二十余年的繁荣局面。"

敌人的敌人就是朋友

虽然六叔的敌人不少，但是他也偶尔有化敌为友联合作战的记录。邵氏与嘉禾一度直接交锋、对峙多年，但也不是从头至尾水火不相容。这对"冤家"在三十年前也曾因为共同的敌人"新艺城电影公司"的横空出世，有过短暂的握手。

新艺城当家的"三个臭皮匠"是资深电影人麦嘉、黄百鸣和石天。当时三个年轻人自立门户之后，分工明确，黄百鸣写剧本、麦嘉做导演、石天做演员。他们推出《疯狂大老千》和《咸鱼翻身》两部电影，得到了一位贵人的赏识，打算扶植它发展壮大，好与老字号的邵氏、嘉禾一争高下。

这位独具慧眼，肯花巨资支持这家小公司的大老板叫雷觉坤。这个名字，可能大家不太熟悉，但提起"金公主娱乐有限公司"和"九龙建业"地产财团及"九龙巴士公司"，在香港无人不晓。雷老板就是这些公司的掌舵人。

雷觉坤旗下的金公主拥有香港多个一流院线，原本以经营西片为主。但是到了20世纪70年代，香港电影市场西片逐渐没落，华语片大行其道，金公主遭遇生存危机。在电影圈，金公主最大的竞争对手当然是邵氏和嘉禾。邵氏本身就是电影工场，片源充裕，自给自足，在一线市场上稳居第一；嘉禾虽然自产影片不多，但知名度高、声势大，很多独立制作的电影都愿意选在嘉禾首映。那些影响力弱、关注度低的电影在邵氏和嘉禾都排不上号时，才会想到金公主。所以雷老板不甘束手就缚，才会做出扶植一家新的电影公司，以打击两位"夙敌"的举动。

在新公司里面，雷觉坤慷慨地留给三个年轻人高达49%的股份，让三人激动不已。双方采取的是"卫星制"的合作方式，金公主作为"大哥"负责影片的投资与发行，新艺城则是"小弟"，负责制片。1980—1990年这十年时间，"新艺城"一度逼得势若水火的邵氏和嘉禾不得不摒弃前嫌，联手抗敌。看来混娱乐圈也不光靠作品，入对了圈子、跟对了人才能事半功倍。新艺城有了雷觉坤这棵大树，加足了马力，飞速发展起来。六叔和邹文怀也暂时放下芥蒂，一致对外。毕竟嘉禾也是从邵氏出走的，算得上"本是同根生"。

1982年,嘉禾出品的《奇门遁甲》和《八彩林亚珍》两部影片就先后安排在邵氏和嘉禾两大院线同时公映,以对抗新艺城的《最佳拍档》、《难兄难弟》。

《奇门遁甲》是袁和平导演的一部功夫喜剧,袁家班倾力出演,票房还过得去。以"暴力美学"扬名的大导演吴宇森的"小宇宙"还未爆发,处境极其艰难。因为拍了部不太擅长的都市喜剧片《八彩林亚珍》成了票房毒药,他被嘉禾扫地出门。吴宇森还来不及舔舐伤口,就被"新艺城"收拢了过来。

黄百鸣越战越勇,其后邀请到施南生、徐克、曾志伟、泰迪·罗宾等著名创作人,一起组成了七人小组,在前期拍摄了不少好片子。到了后期,姜还是老的辣,新公司没有熬过邵氏和嘉禾,三个老板分家各自为战了,新艺城也在1990年关张大吉。曾经在新艺城起家的谐星曾志伟曾经透露,小组解散的主要原因是"薪酬分配不均"。

不过,时代毕竟在变。大片体制逐渐失去市场,曾经依靠大片场制度辉煌了二十多年的六叔没能坚持到底,他随机应变,不拍电影转战电视圈去了;邹文怀倒是"与时俱进",开始推行当时最先进的"卫星制度"。他先后支持向华强兄弟成立永盛,支持成龙成立了威禾,支持洪金宝成立宝禾;金公主也没有闲着,雷老板仿照邹文怀的做法,除了投资新艺城之外,还支持徐克电影工作室、李修贤的万能、陈勋奇的永佳。

如果你认为六叔和这些后生晚辈关系不佳,那就错了。向华强在何鸿燊的赌城承包了一间贵宾厅,开业之后曾广邀圈内人豪赌。

当时六叔已经98岁高龄了，出现在公众视野的时候总是坐着高级轮椅。他到了澳门异常欢欣，竟然离开轮椅站起来与圈内的导演、明星们对赌起来。李连杰、陈小春等圈内的大明星也都在场，陪六叔先"赌"为快。

卫星体制的推行将香港电影推向了高速发展的道路，可惜六叔已经80开外，不能也不应该和众多后他三四辈的年轻同行继续竞争，但他老人家在电视圈玩得也是不亦乐乎。

活得久也是一种竞争力

不拍电影并不意味着六叔钱挣少了，作为一个成功的商人，他深谙什么叫做"不把鸡蛋放在同一个篮子里"。邵氏集团的地产、物业遍布香港，只是清水湾的影视基地就比购入时上涨了几百倍不止。他在东南亚很多城市的闹市都拥有戏院、影剧院，虽然票房收入少了，但地价可是与日俱增，光是改做商铺出租，也是一笔远超票房的大收入。

1990年，新鸿基的老当家郭得胜下葬，六个扶灵老人被当时媒体誉为掌控了半个香港经济命脉的人。他们分别是李嘉诚、包玉刚、邵逸夫、霍英东、郑裕彤、李兆基。以拍电影起家，熬到与港岛一流富豪平起平坐的，除过邵逸夫之外别无他人。

他曾很自豪地说："拍电影并不是最赚钱的行业。如果我拿1亿元存到银行，每年的利息都比拍电影挣钱。看到我的电影城有很多空地了吧，这些地方如果用来建屋，利润更是远高于拍电影的。"

单纯从电影行业来看,"邵氏"最后确实败给了嘉禾。但是从经商的角度看,六叔仍是商场的赢家。他能够在电影业逐渐衰退的时候及时改变方向,转向电视业,未尝不是深思熟虑的结果。况且六叔拍电影,一向将商业利润看得高于一切的。既然"邵氏"的电影已经不挣钱了,他也没有必要在这一棵树上吊死。

如果说当初还在上海跟着三位哥哥拍电影的邵逸夫并没有远大的奋斗目标,他不知道几十年后会有一家盾牌轮廓的"SB"(邵氏兄弟的英文简称)电影公司会红遍整个华语电影界,也没有预料到自己会是这个电影王国的唯一君主。那么现在,以香港娱乐教父的身份进入电视圈,他抱定了不垄断电视圈不罢休的决心。

邵逸夫兵来将挡,水来土掩,一步一步地实行自己一统电视圈的计划,他与对手你来我往,斗智斗勇,浑然不知这一切在圈内人眼中成了职场生存的经典案例,在普通人眼中却成了一个个耐人寻味的段子。

香港第一家电视台名为"丽的映声",这是一家英资收费的有线电视,每天只在午时、晚间播出不到6个小时。今天的人看50多年前的"丽的映声",肯定会觉得单调至极,但当时丽的映声竟然过了10年没有对手的逍遥日子。

10年后,香港电视广播有限公司也就是我们常说的无线电视台成立了,马上以无线、免费、节目丰富、播映时间长等压倒性优势将"丽的映声"打得措手不及。

无线台的董事局的人员构成是这样的:主席是香港旧时代四大家族之一的利希慎家族的利孝和。他和两个弟弟合股,获得了港府的营业牌照。利孝和是留过洋的世家子弟,他明白进入电视这样的新兴行业得有明白人指点才行，于是邀请了电影界的"一哥"邵逸夫为无线的董事。强强合作，无线的发展趋势异常凌厉。六叔接管TVB后，带来了庞大的制作班底。全盛时期的TVB有将近1000个合约艺人，而地球上没有哪家大型电视台，像TVB那样至今仍"顽固"地保留"一条龙"模式的资源制度。

两台对峙了8年之后，电视圈出现了第三家电视台"佳艺"。佳艺的当家人叫何佐芝，他是香港前首富何东的"非婚生子"，也算得上澳门赌王何鸿燊的本家叔父。何东名正言顺的三子八女继承了他的绝大部分遗产，只留给何佐芝5万港元，这点钱不过是何东所有资产的九牛一毛。看来这位何佐芝先生运气不佳，没有得到何东大家族圈子的认可，应该是何佐芝在香港发展不顺利的根本原因，他的电视台仅仅支撑了三年就宣告倒闭了。

六叔入主无线之前，一位叫周梁淑怡的女强人引起的新闻。此女是何鸿燊的老友戏院老板梁基浩的女儿，非常精明强干。她最早只是无线台的天气预报播音员，虽然不是美女，但因为才华出众，接连擢升，做到了总经理助理的位子，主管行政大权。周梁淑怡上任没多久，竟然带着一批高级行政人员集体跳槽了，去了何佐芝的佳艺台。众人很不解，很明显无线台比佳艺台有前途，为什么周梁淑怡会有这样的惊人之举？她的回答也很绝："无线台一切太安逸了，没有挑战性，让我无事可做。"但是何佐芝没有足够的财力支持周梁淑怡庞大的重整计划，没能挽救佳艺台停播倒闭的命运。周梁淑怡女士后来也很威武，她不仅没有因为电视台失利而消沉，还投身政界，成为政党副主席、行政局议员、立法会议员，香港旅游发展局主席等，成为香港过去30年来最成功的职业女性之一。

直到商人邱德根收购了"丽的映声"一半股权,将"丽的映声"更名为"亚洲电视台",六叔才算在电视界遇到了对手。

邱德根和邵逸夫还很有渊源。两个人都是来港发展的上海人,都是办戏院出身的。不同的是邱德根是白手起家的富一代,没有邵逸夫当老板的爸爸和哥哥。他开影院发家之后还经营过银行、地产、娱乐业,期间屡受挫折,是个不折不扣的商界猛人。虽然两人都是"上海帮",但关系很一般。因为六叔曾经的对头陆运涛是邱德根的好友,而陆运涛夫妇发生空难的时候,邱德根的妻子正好也一道前往台湾参加颁奖典礼,也没有逃过劫难。

无线台是香港电视的"大哥大",亚洲台也不甘心永远做小弟。经过邱德根大刀阔斧的改组,亚视的节目为之一新,收视率节节攀升。邱德根将自己在远东集团的盈利几乎都投进亚视,但是亚视依然连年赤字。

1988年,为了争夺奥运会的转播权,无线和亚视又是一场大战。体育历来是电视的重头戏,尤其是重大赛事的现场直播,压倒一切。面对即将到来的汉城奥运会,邱德根有了一个大胆的设想,他想到如果把两家同时播出改为亚视一家独播,肯定会大大增加收视率。于是他和"奥运传讯"机构签约,以200万美元买断了奥运会在香港的播放权,还与"名嘴"何守信签约,以200万港元请他从加拿大回来主持奥运转播。

这种消息传出之后,让无线上下都极为震惊,六叔却毫不慌乱,原来他早就想好了对策。他先约见了老部下何守信,给了他350万港元让他与亚视解除合约。紧接着将亚视告上法庭,控告邱德根破坏两家电视台20年来一直共同转播奥运盛况的"君子协定"。

邱德根竹篮打水一场空。不幸的是他儿子又闯祸了,不仅酒后驾车还撞死警员,多方周旋之后也免不了4年的牢狱之灾。这次邱德根身心俱疲,不得已出售了亚视的股权。他还清旧账之后,净赚3亿港元,也不枉他辛苦了6年。

何佐芝和邱德根在与六叔的对抗中都以失败而告终。亚视的新主人是林柏欣、郑裕彤和何鸿燊三人组合的新财团,实力雄厚,不容小觑。郑裕彤和林柏欣股份一样多,他们都有各自的事业,电视台的事情都交由儿子来打理,何鸿燊只有5%,所以不常过问这边的事情,毕竟还有庞大的赌业帝国等着他打理。郑裕彤很自信地说:"在自由竞争的香港,任何一家独霸的局面都不会长久下去。"言语中透露了新集团有信心挑战无线的霸主地位。

新集团的第一个重大举措就是高调聘请女强人周梁淑怡出任行政总裁。周梁淑怡曾在无线任要职,又跳槽到过佳艺全面主持工作,如今再到实力雄厚的亚视主政。无线台主抓行政的方逸华也以强势著称,由她来与周梁淑怡竞争,倒是势均力敌。三十年来,无线与亚视交锋不断。不仅在台上针锋相对,台下互相挖角也是家常便饭。周梁淑怡最大的优势是对无线台的老班底知根知底,谁对薪酬不满、谁的合约快到期了,她都一清二楚。金钱的诱惑加上老相识的身份,还真挖走了不少"名角"。方逸华也效仿对方,把主意打到亚视的班底身上。但是六叔悭吝惯了,舍不得"大出血",仅挖到少许幕后人员。

最有意思的事非"选美争锋"莫属。六叔在"邵氏电影"时期就开始赞助"香港小姐"的比赛,到他成为无线的股东后,无线台就承办了港姐的选美直播。一年一度的港姐选美仿若内地央视的春晚,成为港岛民众竞相追逐的视觉盛宴。就连选美期间的广告费也比其他黄金时间要高上许多。

亚视的前身"丽的映声"也曾东施效颦,推出了"沙滩小姐"选美比赛。但是"沙滩小姐"远没有"港姐"漂亮,只办了一届就草草收场。邱德根上台之后,亮出了"亚洲小姐选美"的招牌,连办了三届,虽然赶不上"港姐"的声势,但也算引起了市民的关注。

周梁淑怡上任之后,亚姐和港姐已经平分秋色了。这个时候比拼的就是电视台的投入力度了。宣传方面,无线带着"众香国"到瑞士拍外景,亚视就领着"女儿团"去西班牙看风景。

最有看点的当然还是每年港姐、亚姐最后揭晓的那一刻,对方都会用尽一切办法来争夺观众。"亚姐出炉"时,无线台就推出大型文艺晚会"对冲";"港姐"决赛时,亚视就大放猛片,还不插播广告,观众们则是拿着手中的遥控器频频换台。

1991年,二分天下的格局一度貌似出现了变化。李嘉诚的二儿子李泽楷成立了卫星广播有限公司,利用亚洲一号卫星可以转播亚洲各地的节目,而用户不用额外缴费,只需要安装卫星天线就行了。两年以后,包玉刚的女婿吴光正获得政府发牌,成立了九仓有线电视公司,采用光导纤维收看电视节目。这两个后起之秀虽然威胁不到无线和亚视的地位,但是作为新兴力量,在一旁虎视眈眈终究不让人放心。后来李泽楷将卫视转手卖给了世界传媒大王默多克的新闻集团,李嘉诚家族不再插手电视这一领域。

二十多年后,六叔终于觉得自己年纪大,不想和年轻人玩了。于是,2011年3月,德祥集团主席陈国强、王永庆之女王雪红和普罗维登斯公司行政总裁乔纳森·尼尔森三人加入TVB董事局，收购香港TVB，邵逸夫创办并掌管了43年的TVB首次易主。2012年元旦，104岁高龄的邵逸夫正式辞去执行董事职务，安享晚年。

2014年1月7日，邵逸夫逝世，享寿107岁。在邵逸夫去世后，香港现任特首梁振英对邵逸夫的离世表示哀悼，香港前两任特首董建华、曾荫权也到殡仪馆吊唁。追思会当天，著名物理学家杨振宁先生携夫人翁帆出席。

邵逸夫对华语影视圈的贡献享誉全球，他被称为"华语影视大亨"，他缔造了香港影视的黄金时代。在香港的文化史上，他是一个即使再过一百年也不可被忽略的泰斗级人物。

这就是邵逸夫的故事，华人圈的一段不朽传奇。虽然六叔去世了但他依然是香港艺人们最敬仰的"六叔"，依然是内地学子们念念不忘的"逸夫楼""逸夫馆"的缔造者。

老人家的资本运作

六叔执掌无线期间，曾经和老朋友郭鹤年玩过一次收购和反收购的资本大战。结果没有出现两败俱伤，反而出人意料地玩出了双赢的结局。这让关注此役的人大呼过瘾的同时，不得不佩服两位大佬的法力深不可测。

事情的来龙去脉大致如下：六叔在电影圈心灰意冷之后，逐渐将重心转移到了电视圈。正好无线的原董事局主席利孝和病逝，这样邵逸夫顺理成章地坐上了无线台老大的宝座。邵氏兄弟手中的股份也逐步上升到了40%。

邵逸夫闯荡江湖多年，不管是拍电影、玩地产还是做电视行业，终极目标始终没有改变，那就是在熟悉的圈子中最大限度地挣钱。他看出不论多好的电视节目如果只在香港这么小的范围传播，肯定是挣不了大钱的。只有通过海外财团的帮助向外发行才能最大限度地充实钱袋。于是邵老板在80岁高龄的时候大胆地将手中一半的股权卖给了澳洲大亨庞雅伦，套现14亿港元。

可是刚过了一年，港府的政策就发生了变化，不允许海外人士在香港持股超过10%，这样庞雅伦手中的电视股权必须要找到一个财大气粗下家出售。庞雅伦当年不光购买了六叔的股份，连利孝和夫人也将利氏家族的部分股权卖给了他。谁要是接手庞雅伦的股份，谁就会一跃而成为和邵逸夫平起平坐的大股东。

六叔可不敢掉以轻心，万一来了一个和自己不合拍的大股东，以后无线谁说了算。他主动帮庞雅伦联系买家，最后选中了"亚洲糖王"郭鹤年。

邵逸夫和郭鹤年相识近30年的老朋友了，如果能把郭鹤年拉到自己公司就不用担心树一位对手了。邵逸夫把本打算老朋友不同意的话就鼓动自己的不烂之舌，好好做做思想工作。没想到他刚说完，郭鹤年就痛快地答应了。原来郭鹤年这些年又是做糖王又是开酒店，两个领域都玩得纯熟，正想找个新鲜活儿。

这样，郭鹤年出了20亿港元接过庞雅伦的股份，正式走马上任成为无线的第二大股东。不过他很相信邵逸夫的经营能力，只是挂名股东，从来不参与公司的决议。两人相安无事的状况保持了5年，还是郭鹤年首先打破了这种局面。

1993年，邵逸夫眼看就要90岁了，人老了对事业可能就没有以前那么在乎，对拿到手的实实在在的现金却很重视。为了高价套现，邵逸夫和郭鹤年一商量，就做主要把无线五分之一的股份卖给澳洲的另一位传媒大亨——默多克。如果这场交易能够成功的话，邵逸夫就能得到18亿港元的养老金。可是还是当年挤走庞雅伦的那一条港府条例让本次交易胎死腹中。

没有将手中的股份成功卖出去，郭鹤年却和默多克达成了另一项协议——收购默多克新闻集团旗下的《南华早报》三成的股份。《南华早报》是香港历史最悠久的英文报纸，比胡文虎的《虎报》销量大得多。上市以后表现也不错，称得上一支绩优股。可是默多克是传媒大亨也能保证资金永远充足。他在收购李泽楷的和记卫星电视后钱袋空空，不得已才便宜了郭鹤年。如此一来，郭鹤年就成了电视圈和报业的双重老大，对香港传媒的话语权与日俱增。

郭鹤年做地产商时间长了，成了传媒界的老大也不忘搜罗好地皮。他看中了邵逸夫早年在清水湾买下的影视拍摄基地的地皮，就想扩大对无线的控股权，好取得清水湾的地皮。他提出了用《南华早报》的股份来置换电视企业的股份。可是这一招对于六叔来说不起作用，电企的股份或者报纸的股份都不如真金白银实惠。

不过为了防止电视企业的小股东们贪图《南华早报》的升值潜力，邵逸夫展开了反收购。他表示将以高于《南华早报》市值的港元来吸收电视企业的股份。两位大佬的资本大战让小散户们左右为难。他们不知道六叔此举不过是虚张声势而已，他提高股价的目的只有一个，就是迫使郭鹤年也提高收购价格，这样他就可以从容套现了。

果然，郭鹤年也没让大家失望，给出了高于六叔提出的价格。六叔略微矜持了一下，就痛快出手了。结果六叔得到了现金、郭鹤年得到了梦寐已久的地皮，两个老朋友虽然在公众面前大战一场，实际上私交一点也没受影响。

"今天,30岁的维达算是有了一点点的成功和成就。这是值得庆贺的,但绝非值得炫耀。企业的经营是一个长跑,未来还有下一个30年,需要我们继续努力。我们要做的是一个长跑冠军。"

李朝旺:韧者行远

文/段传敏 徐军

李朝旺是一个什么样的人?他凭什么用一张小小的纸巾将当年"街角旮旯的一个小厂"玩转成一个行业的巨头?他凭什么在没有背景、雄厚资金支持的情况下在一个重资产投资的行业杀出一条血路?

看起来像个山东大汉的李朝旺是地道的广东江门新会人。江门简称邑,但在江门人眼里,李朝旺这个邑商太另类。直至现在,邑商也被很多人视为"小富即安"的群体。就是在这样一片土地上,李朝旺出现了。

新官上任的"年轻仔"

因地处广东珠三角腹地，新会这片土地成为20世纪70年代末中国改革开放的前沿。

1978年，十一届三中全会召开。1980年，国务院批准设立深圳、珠海、汕头、厦门四个经济特区。

1984年春天，中国改革开放的总设计师邓小平开始了他著名的"南方讲话"（另一次是在1992年），高度肯定了经济特区成立的价值，有力地推动了中国改革开放的前进步伐。这一年政府更宣布进一步开放大连、秦皇岛、上海、广州、湛江、北海等十四个港口城市。

国企改革的号角吹响了。过去很多国有企业、集体企业实行计划经济体制，物资统一供应、价格统一规定、人事统一安排、工资统一定级……企业被束缚得无法动弹。现在，改主管部门统收统支、统负盈亏为企业独立运算、自负盈亏；改生产型为生产经营型；改单一的固定工资为按劳分配的多种工资分配形式；推行和完善多种形式的承包经营责任制……在轰轰烈烈的改革开放大潮下，许多企业、职工的命运发生了巨大变化。

当时在新会有这样三家小厂：一家是以残疾人为主的福利小厂——新会日用品厂，生产花露水等日用品；另一家是新会南宁包装品厂，生产草纸、纸箱；还有一家是新会河南纸制品厂，生产焚化品，如元宝、纸钱，因涉及封建迷信，政府规定不能内销，只能出口。

虽说工业基础不错，但由于体制等诸多方面的原因，这些小厂越来越无法适应改革开放的大潮，效益很差，年年亏损，职工生活陷入困境。当地政府研究决定，将这三家小厂以新会日用品厂为主体进行合并，一方面，新会日用品厂的残疾人超过51%，可以减免税；另一方面，优先保证残疾人就业，保障他们的生活，也可以减轻政府负担。

这个合并方案综合考虑了职工、企业和政府三方利益，但其实有关部门对该厂的前景并不乐观。

1985年1月15日，合并方案正式实施，原新会河南纸制品厂厂长李朝旺被任命为合并后的"新会日用工业品厂"厂长。

这三个工厂的员工并没有意识到，他们的命运因这位年轻人的到来将发生历史性的转变。

李朝旺当时只有27岁，是新会本土人。媒体形容他"长得浓眉大眼，有一米八的个头，看起来气宇轩昂"，不过，许多员工对他还是半信半疑：由这个话语不多的年轻仔带领这批盲残工人，能有多大希望？

李朝旺幼时家境贫寒，高中毕业就下农场当农民，算是下乡知青，苦是什么滋味非常清楚，"小时候，我妈妈病了家里没钱买药。我们五兄妹，姐姐小学就辍学挣钱；我也曾休学半年，后来才上完高中。"

苦难是人生最好的老师。李朝旺从小改变自己命运的愿望就很强烈，他从小到大都是当头儿，初中、高中都是班长，下乡后期他当了农场的副队长。他是个有想法、讲信誉的人，而且志向高远、视野开阔，在运作一件事情的时候，心里已经有了全局的谋划。大家都喜欢跟他打交道。回城后他最初在街道工厂从事贸易，也经销过上海利民造纸厂的纸巾,因此虽然年纪轻轻,社会经验已相当丰富。

李朝旺管理的新会河南纸制品厂是三个小厂中效益相对较好的一家,因此在县政府领导眼中他是个"懂经营生产,有领导才能"的厂长。当地一份报纸对李朝旺的走马上任进行了报道,标题为《27岁的厂长骑着27寸的单车去上班》。文章赞扬他年轻有为,甚至写道:"新工厂将迎来新的发展"。

那个年代,媒体以宣传党的政策和经济发展大势居多,大型国有集团才偶尔有机会上报纸,小工厂更是很难被关注的。这篇报道像是给李朝旺的上任进行"暖场",也像是给三家工厂的合并鼓劲,因此引发了工人们和当地群众的热议。之后在维达的成长过程中,李朝旺一直十分看重媒体的力量,与之保持互动。

上任后,李朝旺面临的第一件事就是公司产品"定位"的问题——那时候"定位"这个问题还未引起企业的重视:三家工厂原来各有自己的产品,合并起来后产品项目众多,包括花露水、香精制品、橡筋带、焚化品、包装箱等。公司在资金、精力有限的情况下,该如何取舍呢?

对这个关系公司前途命运的重大问题李朝旺早有准备。他上任的同时就带来了两台折叠机,这是他在新会河南纸制品厂任厂长期间从香港购买的二手设备,能将切割好的原纸折叠成小块纸巾包装出售。当时纸巾的销售状况良好,这是新会河南纸制品厂在三家小厂中效益相对较好的一个重要原因。应该说,上任之初的李朝旺已经看到了纸巾市场的广阔前景,决定带领大家进入一个全新的产品领域——生活用纸,生产小包装纸巾。

纸巾在今天已成为人们随身携带的日常用品，但在20世纪80年代，人们随身携带的还是可重复使用的布织手帕，使用的卫生纸也都是用草、废纸重新加工而成；一些酒店有少量的面巾纸，但都是红色、黄色、绿色等棉浆纸，质量和体验都非常差。

选择纸巾业务是有非常大的风险的，为什么李朝旺偏偏走上这条路呢？这里有一个故事：在成立维达前，李朝旺有一次在香港陪客户吃饭，看到饭桌上摆着折叠很好的面巾纸，四方形，干净卫生，携带方便，当时他就心里一亮，认为这种纸巾生意未来肯定不错。吃完饭他将没用完的半包面巾纸带了回来。

最开始，李朝旺为工厂带来的改变反而是观念上的。过去工厂就是负责生产的实体，而李朝旺主动代理经销上海利民造纸厂的"雪花牌"纸巾，把自己变成了"推销员"。上海利民造纸厂在当时非常出名，其生产的"雪花牌"是全国知名的纸巾品牌。产品的80%出口，20%在国内销售。最初，李朝旺只是广东省级供销社的分销商，后来他与上海利民造纸厂建立了联系，由于业绩突出而成为该厂的广东省独家经销商。

结果，合并后的第一年，新会日用品厂年盈利就有10多万元，一举扭亏为盈。1985年至1992年间，经销雪花牌纸巾是该厂很大一块业务。

不久，李朝旺不满足于简单的买进卖出赚取差价，"经销别人的产品，永远受制于人，没有自己的品牌就没有定价权，而只有购买原纸回来加工生产自己的产品才有机会定价"。第二年公司成立新产品开发部，李朝旺亲自领导新产品设计。当时，他们全靠手工画，一笔一画设计出包装图案，以蓝色为主基调，蓝白相

> 台湾公司是大股东,维达是小股东。甘愿做"小"一方面是资金实力不够,更重要是可以规避风险。

间——这就是1987年设计出的中国大陆第一包高档盒装面巾纸,当时取名"威牌"。

他们想办法从上海利民造纸厂购买原纸,买了两台二手切割机、自动包装机,将原纸切成合适的尺寸,用折叠机将纸巾折叠成方块形状,然后装在箩筐里送到后加工车间。10块纸巾一叠,放进塑料纸巾袋,以胶贴封口。当时没有包装机,他们全靠人工。1988年开始,"威牌"纸巾在华南地区畅销起来。很快,工厂的包装车间招进了300多名女工,场面甚是壮观。

由于"威牌"产品好,利润高,仅仅用了不到几年时间,新会日用工业品厂便成为当地最赚钱的企业之一。

业绩也是"干"出来的

现在,很多维达人都称赞当初李朝旺选择纸巾业务是一个"正确的决定",因为纸巾是一种多次性消耗品,随着人们生活水平的提高,使用数量和频次会越来越大,具有广阔的发展空间。

20世纪80年代末期的中国市场处于极度"饥饿"状态,人们对物质和生活的需求急速增长，商品供不应求，纸巾销售业务极旺盛，维达对原纸的需求量越来越大。

当时，整个南方地区没有一家原纸生产厂，李朝旺只能从北方购买，他们把这称为"北纸南运"。那时国内没有专门出售原纸的造纸厂——造纸厂都是生产加工一体化，前端生产原纸，后端加工包装，然后贴上牌子出厂销售。这些造纸厂没有原纸销售业务的概念，也不愿意这样做。况且当时这些造纸厂是国有企业，在不愁销路的情况下，谁愿意费劲多这一摊事呢？因此，从造纸厂购买原纸在当时难度相当大。

如何寻找突破口呢？李朝旺首先想到了跟维达有业务关系的上海利民造纸厂。他亲自上门游说，请求帮助。利民造纸厂一个负责销售的科长十分同情李朝旺的处境，同时也敬佩他的为人，决定在满足自身原纸供应的情况下，尽量拨出一部分原纸卖给他。

不过，李朝旺很快发现，由于利民使用的原材料是棉浆、草浆，原纸的质量并不是最好的。相比之下，山东潍坊造纸厂的原纸质量要好一点，因为他们会在棉浆、草浆里面掺一点木浆。

李朝旺就又千方百计去山东购买原纸。他全国到处跑，寻找所有能卖原纸的造纸厂。"有的卖我就买，哪里好我就去哪里。"李朝旺回忆起当时的情景感慨道。

北方人重情好义、豪放嗜酒，跟他们打交道做生意自然少不得吃饭，吃饭就要喝酒。李朝旺是南方人，本没有喝酒的习惯，但面对此情此景也只得硬着头皮上。输人不输阵，礼尚往来，见面先不谈事，先主动喝一杯再说；甚至将对方的军或被对方将军——买一吨喝一杯酒，多喝一杯就多给一吨。一杯一杯下去，大家戒心消除了，感情渐渐就有了，关系变得热络起来。而酒至酣处，你一杯我一盏如风卷残云，酒中的商机渐渐呈现。

那一时期，李朝旺喝酒一方面是为了买原纸，另一方面为了纸巾销售。一次李朝旺因为纸巾的出口业务，跟海关人员沟通。在饭桌上大家聊得很开心，对方酒量很大，但李朝旺毫无惧色，与之推杯换盏，结果双方都喝得酩酊大醉。李朝旺个头高、身体重，大家为了把他送上车、送回酒店费了好大劲儿。

就这样，在1993年以前的几年时间里，新会日用工业品厂业务蒸蒸日上，年销售额达数千万元，利润也快速上升。它竟然从未被原纸的供应问题困扰过，没有断过货。

有时候，业绩不仅仅是干出来的，也是一杯一杯"干"出来的。知道是一回事，懂得怎么干和干成又是一回事。

超越"四大"

早在1990年，李朝旺就正式注册了维达商标，这种强烈的商标意识是国内造纸行业中十分超前的，意味着维达在启动自己的品牌战略方面迈出了坚实的一步。那时的维达便开始进行商标的维护以及专利的申请，组织有效的打假维权工作，以维护维达的信誉和市场形象。

作为行业新兵，李朝旺将当时国内四大造纸厂——上海利民造纸厂、上海熊猫造纸厂、连云港造纸厂和山东潍坊造纸厂列为学习和赶超目标。

由于光靠购买不能满足需求，李朝旺决定自己办造纸厂，计划购买两台二手国产造纸机。当时广东各地都在加强投资环境建设，利用各种方式吸引包括港、澳、台在内的外资。一家台湾公司考察了新会日用工业品厂及大陆市场后，发现大陆的纸巾使用远没有普及，未来具有非常广阔的前景，非常看好这块市场，主动提出与他们合资，台湾公司愿意出钱、出技术、出设备与他们合作生产原纸。李朝旺觉得这是个提升生产技术的机会，便欣然同意。于是，1991年，台湾公司运来两台翻新的二手进口设备，加上维达的两台，成立了独立的合资公司"威宝"。

当时，台湾公司是大股东，维达是小股东。甘愿做"小"一方面是资金实力不够，更重要的是可以规避风险，李朝旺觉得自身欠缺造纸管理经验和技术能力，让台湾公司先带着上，可以"借船出海"。

威宝公司的确带给他们完全不同的理念，最重要的是，威宝一开始采购的原料就是进口原木浆。国内原纸2500元/吨，而生产原纸的原材料进口木浆居然要3000~4000元/吨，相当于面粉比面包还要贵，这让他们大开眼界。

当时国内造纸厂没有木浆这个概念，生产卫生纸都是采用棉浆和草浆做原料。这些原材料来自烂棉袄、废纸、草席等，通过社会渠道回收进入生产工厂，"又脏又臭"是当时大家对造纸厂的普遍印象。直到2005年，国内使用原木浆的造纸厂都不到四分之一，2005年的统计显示，我国纸浆消费总量5200万吨，其中木浆1130万吨、非木浆1260万吨、废纸浆2810万吨，以木材、芦苇、竹、蔗渣等纤维为原料造纸的企业不足200家，不合理的原料结构影响了产品档次和竞争力，而且污染严重，环保成本高。

李朝旺喜欢进口原木浆，因为他发现"棉浆和草浆跟纯木浆比，完全不是一个档次"。随之，维达开始使用威宝公司生产的木浆原纸，既然李朝旺将产品定位在高品质，那就一定要用最好的原材料。

广东地区大部分时间是炎热的夏天，冬天温暖且时间短，根本没有烂棉袄等原材料，需要从北方购买。李朝旺认为："都是远距离购买，还不如干脆从国外进口高质量的原木浆。"

维达由此成为中国造纸行业第一家采用进口原木浆生产卫生纸的企业。

由于用这种原木浆生产的卫生纸卫生干净、柔韧度好，大大提高了人们的生活质量，因此得到消费者的广泛青睐，整个行业随之发生改变，大部分企业都采用了进口木浆作为原料，而欧美国家至今也没有达到这么高的普及率。

当时市场上普通面纸巾1毛钱一包，而维达"威牌"面纸巾卖到了4毛钱一包，价格是同类产品的4倍。有人曾对这一定价表示担心，但李朝旺认为，维达的产品定位就是高起点、高品质、高价格。他说："大家只是说产品贵，从来没有人说产品差，这没有关系，先让消费得起的人购买，他们使用后感觉好就有口碑了。暂时消费不起的可以等将来有消费能力了再买。谁不向往优质生活呢？我们就是要做优质生活的倡导者和引领者。"

只有4台二手设备生产，威宝的产能一年也就2000吨，远远满足不了旺盛的市场需求，加上与台湾人合作理念不一样，双方时常发生矛盾。后来矛盾激化到互不妥协的地步：要么你买下我，要么我买下你。李朝旺想出了第三条路：维达高价承包威宝工厂三年，独立经营，双方这才平息了争斗。

虽然合作短暂，但威宝的经历却给了维达宝贵的生产管理经验，训练并提升了维达的技术，为后来维达建设自己的造纸厂打下了坚实的基础。

好的品牌和好的品质不是吹出来的，而是有质量支持的。维达后来曾做市场调查，大家的评价是："维达产品真的好，就是贵。"维达一开始就把品质做好，形成口碑，然后在此基础上塑造出强有力的品牌。

与20世纪八九十年代许多国内企业流行的"低价切入"市场，然后逐步提升品质和品牌的路线截然不同，维达在没有资金没有设备的条件下，巧妙嫁接资源，走出了自己独特的"品质为先"的高起点道路。

当时纸巾市场的火爆超出人们的想象。维达生产的纸巾已经打出了一定的知名度，成了市场的香馍馍。经销商都是先给钱、后拿货，谁拿到预收订单谁就发达。海南有个独家经销商，购来的纸巾刚送到海口岸边，早已等候的分销商们立即把货分完了。这个经销商只需要负责数钱就行了。

这个时候，威宝的生产能力已远远满足不了自身的需求，而从外部购买原纸的难度越来越大。李朝旺心里有了一个大谋划：自己上马大型造纸机。

李朝旺提出，维达进口的设备一定要高起点、高定位，与世界先进造纸厂接轨。所以，他20世纪90年代初去国外出差最多，一边做一边向国外先进企业学习，看别人的机器设备情况，看哪种机型更适合自己，向设备供应商要求去他们的客户那里看使用情况。要知

> "谁不向往优质生活呢？我们就是要做优质生活的倡导者和引领者。"

道，国外同行通常是不愿意开放工厂参观的，但在李朝旺坚持下，设备供应商只能想方设法说服客户。

李朝旺回忆："这个方法蛮管用的。看得多，就知道得多。如果没有出去看的话，就不知道国外的造纸水平到了哪个层次，我们与世界的差距还有多大，就不可能转变理念。"通过这样的方式，他知道了什么设备是最先进的，什么设备符合维达要求以及怎样与中国市场结合。

葵乡崛起了纸业城

1992年春天，改革开放的总设计师邓小平去南方视察工作，在广东发表了许多振聋发聩的讲话，"胆子更大一点，步子更快一点"，这一系列的讲话平息了自1989年以来中国在是否继续改革开放问题上的激烈争论，解决了长期束缚人们思想的许多重大认识问题，推动并掀起了新一轮改革开放的热潮。

密切关注政策动向、紧跟时代步伐的李朝旺敏锐地觉察到了即将来临的巨大变化，他意识到跨越发展的机会来了。心潮澎湃的他马上和团队商议，决心尽快上马自己的大型造纸机。

当时国际最先进的造纸机制造企业是日本的川之江造机株式会社。其生产的设备具有高品质、低耗能、吨纸生产成本低、出纸投产迅速等优点，一台机的年产量最高可达1万吨。这么高水平的造纸机极其昂贵，要500多万美元（按当时的汇率折算人民币3000多万元），当时国内只有山东潍坊造纸厂有一台。而且，建设一条生产线不只是购买一台机器，还要配套建厂房、购买后加工设备，等等，这些又是一大笔支出。

李朝旺跟会计盘盘家底，前几年经营"威牌"面纸巾，有了少量积蓄；现在市场销售好，一直都是先进货后付款，货卖掉后可以延迟一段时间付款，这样可以利用账期腾挪出一笔资金。但这还远远不够，还有相当大的缺口需要跑政府支持、跑银行贷款。

最终，李朝旺和会计通过软磨硬泡，七拼八凑，总算把钱凑齐了。

1993年1月1日，维达1号机正式投产，作为维达厂房的"维达纸业城"也同时奠基。新会政府的很多领导都来了，一些同行和市民也纷纷涌进来，看日本造纸机是什么样子的。这可是中国南方的一件大事，南方有了自己的造纸机，从此再也不用去北方买原纸了！南方的造纸水平由此迅速跃升，在造纸行业的地位也彻底改变。对维达人来说，从这一刻开始，"北纸南运"的历史结束，新的"南纸北运"时代即将开启！

1993年年底，1号机加上"威宝"两个车间的年产值突破1亿元，维达一举成为新会当地实力雄厚的大型企业。当时产品的毛利率很高，机器就像是印钞机，原纸源源不断地运出去，钱哗啦啦地流回来。

许多人正沉浸在1号机带来的兴奋中时,李朝旺打定主意,筹备上马第二台造纸机。这样的速度让日本川之江株式会社感到惊讶,他们的历史上还没有遇到过这样的企业,能在如此短的时间内再次购买如此昂贵的造纸机。

1994年12月28日,维达2号机建成投产。到了1995年,维达一个月造纸量达到1300吨,月产值1500万元到2000万元。1号机和2号机加起来的年产量达2.4万吨,初步奠定了维达在国内生活用纸市场的霸主地位。仅仅用了两年时间,维达就实现了自我发展的历史性跨越。

3号机的惊险一跃

20世纪90年代中后期,维达即便开足马力,依然供不应求。

1997年,李朝旺把目光瞄准了世界上速度最快的自动化设备——美国贝诺公司(BELOIT)设计的一条生产线。他对后者的设计效率和产能印象深刻:该生产线配有先进的新月形成型器和四型层流式流浆箱,车速达2200米/分,年产量3.5万吨,比1号线、2号线产能总和还多。

当然,同样令他印象深刻的还有这条生产线的售价——1000多万美元,如果加上这条生产线的后续配套费用,维达需要的总投资接近1亿元人民币。这笔费用对于任何一家造纸厂而言都是"巨款"。

雪上加霜的是，自1997年7月起，一场始于泰国、后迅速扩散到整个东南亚的金融危机爆发了！许多东南亚地区国家的汇市、股市轮番暴跌，金融系统乃至整个社会经济受到重创。中国自然也被波及，银根紧缩，企业想要从银行贷款几乎已没有可能。

怎么办？李朝旺认为，规模化是既定的战略。现在市场需求旺盛，维达没有道理不快速前进。维达只有抓住一切机会翻过规模这个坎，夯实企业规模才能拥有真正的竞争力。

1998年11月，维达开始规划三期工程。1999年中，维达与贝诺公司签订了合同，根据约定，维达向该公司支付10%的定金，大约100多万美元，同时，维达必须在当年的9月4日之前开出剩余90%款项的信用凭证，如果没有按时开出凭证将按违约处理，100多万美元的定金将被没收。100多万美元几乎是当时维达全部的流动资金，是积攒多年的利润，倘若被没收，虽然公司不至于破产，但也会元气大伤。

那段时间，李朝旺几乎天天往银行跑。公司没有车的时候，他就坐公共汽车。因为数额实在巨大，银行根本批不下来那么多。他从私人那里借，从银行那里贷了一小笔，但这些都如杯水车薪，远远不够。

在看不到任何希望的时候，"救星"出现了，它就是与维达结成战略合作伙伴的羊城广告。当时这家公司很有钱，在李朝旺的游说之下，羊城广告答应借1亿元资金给维达，一举解决了购买3号机的庞大资金难题。

9月4日那天晚上，几乎是到了截止的最后一刻，维达开出了剩余90%款项的信用凭证。

当然这不仅仅是李朝旺的个人魅力，更重要的是他的智慧设计——这背后是开放和共赢的诚意。

"我们当时不是直接向羊城广告借1亿元，这么大笔钱人家肯定不会随便借你。"李朝旺解释对方借钱的缘由：第一，在商言商，双方有协同效应，维达做大了，对方也会因为有其他项目合作而直接受益；第二，对方账户上确实趴着大量资金，闲着也是闲着，不如周转出来赚钱；第三，这次其实不属于纯粹意义上的借钱，其实质是项目合作。因为当时木浆的市场行情非常好，维达以木浆贸易作为单独项目跟对方进行运营合作，这1亿元交给维达用于购进木浆进行贸易操作，木浆卖出后维达不但归还本金，还将把全部的盈利部分给对方。而且这背后还有一项重要承诺，为了消除对方对风险的顾虑，维达甚至承诺保证一定的盈利率。这次合作维达相当于在帮助对方理财，对方毫无风险。

"那个年代什么方法都用上，总而言之合作就要双赢。"李朝旺说。

但他怎么也没想到的是，旺盛需求之下的木浆贸易也会出幺蛾子，变成一次冒险。1998年，正值经济危机之时，美国木浆的价格非常低，是一个很好的购进机会。维达从美国市场买进1亿元的木浆。孰料，正当他们办理手续之时，中国出台了一项针对美国反倾销的法规，规定要对当年某个日期之后进口的木浆征收高额关税。如果到了那个时间再进口，维达实际支付的木浆价格会被抬高，损失会很惨重。唯一的解决办法是维达在政府规定的截止期限前办理完购买手续，将木浆运回国内。

后来，李朝旺和合作伙伴一起想了很多办法，终于有惊无险地完成了这次贸易。否则不但木浆贸易项目泡汤，维达可能也无法还上借的1亿元资金了。

就这样，维达得到了梦寐以求的3号机。

当时，世界纸业十强之一、亚洲最大的生活用纸集团APP（金光纸业）跟维达一样，向美国的同一家设备供应商预定了多台高速造纸机。金融危机发生后，该公司的业务受到很大影响，忍痛违约放弃原先支付的定金。

没想到，此举竟然成为压倒骆驼的最后一根稻草——直接导致了美国贝诺公司倒闭，因此交货给维达的3号机竟是它们生产的最后一台高速机！

2000年，维达3号机开机生产。这台全世界速度最快、技术含量相当高的高速机的开动，让维达的生产技术和工艺水平得到大幅度提升。

3号机的建设完成了维达的"世纪一跃"，标志着维达上升到一个阶段荣耀的顶峰。这一年，维达宣布赞助郎平执教的中国女排，开始频频曝光于大众视野。同时，维达的市场占有率出现飞跃，从不知名的地方小厂摇身变成产值达10亿元的品牌。

金融危机爆发前夕成功上市

1998年，维达启动了赴香港上市计划。为了给上市助阵，这一年维达纸业开始赞助全国保龄球冠军赛。

当时的维达产销两旺，刚刚"收购"了两家工厂，意气风发；

> "如果没有出去看,就不知道国外的造纸水平到了哪个层次,我们与世界的差距还有多大,就不可能转变理念。"

而东南亚金融危机还没有消退,股票行情尚不景气。

1999年3月,维达将上市申请表正式提交给香港证监会,很快获得批准。李朝旺被通知到香港联交所现场接受聆讯。这是上市前最重要的一关,一旦通过就相当于拿到了香港的"准生证",接下来的工作就是选择合适的日期敲锣上市了。

聆讯顺利获得通过!正当大家额手相庆、沉浸在喜悦中的时候,中国证监会突然发出通知,凡是资产在内地的企业到香港上市,都要取得证监会的批复函,在商务部备案。不幸的是,维达成为该文件颁布后首当其冲的第一家。

批复函要过15天才能拿到,但维达的上市申请表和所有文件都是截止到3月份的。等拿到批复函就要到4月份了,意味着维达需要重新做申请报表,重新进行审计,重走一遍上市申请流程——这又要花费几百万元!种种考虑后,万般无奈的维达选择了放弃。

现在回想起来,李朝旺仍备感惋惜:"如果1999年维达能上市,就完全不一样了,维达的发展会快很多。"历史没有假设,人们只能面对至少短时间内不可能重启上市的现实。

之后的维达继续聘用"四大"会计师事务所之一的普华永道做

审计和报表，规范公司财务运作，进行各项准备。

2007年春节维达再次启动上市。经历过第一次申请上市，维达已经知道资本市场的要求，因此准备的资料十分充分，联交所需要什么材料，马上就整理递交。

此次上市申请的速度快得令人不可思议。2007年7月10日，维达国际（03331.hk）在香港联合交易所主板正式挂牌交易。

维达上市是一个标志性的历史时刻，从此维达迈向了一个全新的时代。上市的成功显然大大提振了团队的士气，更提高了品牌的知名度。

上市对维达业绩的改善也相当明显，资料显示，自2008年下半年开始，维达的毛利率开始回升，业绩大幅度上升。当年年报显示，维达主营收入24.24亿港元，净利润为1.65亿港元，主营收入上升了36.4%，净利润上升了111.7%。

2009年，维达业绩继续快速增长。当年主营收入27.76亿港元，同比上升了14.5%，净利润达3.98亿港元，同比上升了139.8%。随着业绩的大幅度增长，维达的股价在2009年已翻了4倍左右。

李朝旺应该感到庆幸，他2007年年初的决策促成了维达的成功上市，过去几年来的规范运作没有拖累上市的步伐。如果再晚上几个月，到2007年8月美国次贷危机急剧恶化，席卷美国、欧盟和日本等世界主要金融市场，导致全球金融危机全面爆发，可能维达的上市会再拖上个几年时间。

进军澳洲、香港，试水海外市场

1999年上市受挫带给维达的影响是深远的。同样在1985年创立、后来成为维达最大竞争对手的恒安公司1999年12月在香港成功挂牌，后来它将募集来的资金大部分砸向生活用纸项目，导致在生活用纸领域，维达面前冒出来两个强大的竞争对手（另一个是跨国公司APP）。

因此，伴随着1999年维达3号机投产的是，几大巨头同时上马造纸生产线，导致行业产能开始出现过剩，竞争加剧。2000年，维达盈利仅2000多万元，同比减少50%。

在李朝旺看来，维达要做百年企业，迟早要跨出国门，不断探索、积累经验。既然迟早要走这一步，还不如早一点儿。1999年，澳洲维达工厂成立。"澳洲公司对整个集团的销售占比虽然很小，但是它令维达了解了国际市场的规则，教会了维达怎样和国际市场打交道，培养了维达国际化的思维。"他说。

2000年，维达将总部设在香港，成立了维达国际控股有限公司，旗下拥有数家海内外子公司和附属机构。维达集团化的建设蓝图日益清晰起来。

维达国际营销副总裁何惠献1997年1月加盟维达，现在负责海外市场营销工作。据他介绍，维达开拓香港市场非常早，1992年就进入了香港。李朝旺曾亲自过去跑市场，寻找经销商。

1995年维达拍了第一个广告，当时请了明星刘青云为广告配音。

香港地方不大，人口只有700万人，但有很强的消费能力，刚好是维达定位的中高端市场。但同时这里市场竞争非常激烈，没有像内地有一、二线市场之分。这里都是一线市场，店与店相隔很近。

当时香港市场有巨星、艾利、关岛三个品牌。这些品牌在药店销售时会相互区隔开来，避免直接竞争。

香港市场还有个特殊的地方，就是这里的药店既卖药品又卖日常生活用品，是生活用纸的主要销售渠道。香港18个区分布着1000多家药店。这些药店往往比较分散，而且单店的销售额并不大，每家一次只会进几箱货，但它们要求却特别高，今天下单明天货物就必须送到。要想进入这个渠道，订单的收集和配送能力相当关键。

1993年，维达香港的销售部只有4个人，全港只有200多家药店经销维达。因为意识到药店渠道的重要性，维达很早就成立了药店直销队伍。20多年来，这支队伍慢慢渗透，逐步积累，将维达推进了更多药店。

好的质量是维达在香港市场取得成功的关键因素。大家都知道维达的产品采用原木浆制造，质量稳定，品质很高，又相对实惠。这样，口碑就慢慢建立起来了。

2005年，维达启动在香港的第二波广告那一年，维达花费数百万元巨资邀请沈殿霞（肥肥）做广告代言。这个费用差不多是维达在香港市场一年的利润，当时生活用纸行业没有人请明星做电视广告。沈殿霞在香港很受欢迎，当她跟女儿郑欣宜一起出现在维达生活用纸广告片中，立即引起了香港市民的极大关注。广告对拉动维达品牌在当地市场的影响力和销量起了非常大的作用，当年维达在香港的销售额翻了一番。

2007年在香港上市对维达的品牌形象又形成一次拉动。2014

年，维达海外市场的销售额占维达整个销售的8%左右。2014年9月，维达国际整合了全球领先卫生用品及林业产品公司SCA在中国内地、香港及澳门地区卫生用品的业务。

拥有85年历史的SCA是全球销售额超过百亿欧元（相当于800多亿人民币）的一家跨国生活消费品和纸业公司，它决定放弃自己的卫生用品业务在大中华区的品牌和业务运营权，将之并入维达国际这样一个在香港上市的中国本地公司旗下。这样的消息虽然在2014年7月份就已经公告，但两者的战略合作模式依然令许多国人感到意外。

这项交易的完成，意味着维达集团可在免专利权费的基础上取得SCA品牌"Tempo"位于中国内地、香港及澳门地区的永续及独家使用权，取得"Dr. P"及"Sealer 嘘嘘乐"在中国内地、香港及澳门的商标拥有权，并取得多个SCA全球性品牌"TORK""TENA""Libresse"及"Libero"在中国内地、香港及澳门地区的独家使用权。

简单来说，SCA的这些品牌在大中华区的营销将归维达国际的团队领导运营。

这是维达多元化加速的重要时刻，也是维达启动多品牌运作的重要时刻，更是维达国际化继续深化的重要时刻。它意味着经过了近30年时间与市场的长途奔跑，年度销售额达67.98亿港元、在中国生活用纸排名第二的维达国际正步入历史性的拐点上。

2015年，刚刚"三十而立"的维达已经成为中国生活用纸市场上不容忽视的巨人。

撰稿人

陆新之，商业观察家，亨通堂文化传播机构的创办人之一，德丰基金合伙人，北京华育助学基金会理事。他长期致力于研究中国商业环境转变和解读企业案例。

沈威风，曾任职《中国房地产报》与《经济观察报》，同时还是FT中文网等多家媒体的特约作者。她担任过凡客诚品总裁助理，嘀嘀打车副总裁，现加盟阿里巴巴集团。

吴比，职业投资人，业余财经作家，已出版《奔腾入海》《四海皆商机》《革命与生意》等书。

郭亮，温州管理科学研究院研究员。曾供职于央视网、《人民日报》深圳记者站。出版有《俞敏洪传奇》《昌运复星——郭广昌的中国式商业故事》《微博能给我们带来什么》等书。

邓鹏，社会学硕士、高级品牌管理师。出版有《一个人的游戏：朱骏》《昌运复星——郭广昌的中国式商界传奇》《商界兄弟连：刘永好四兄弟的创业故事》《向格力学营销》等书。

曾宪皓，非资深媒体人，不自由撰稿人。

十二叔，财经专家，文史作家，出版有《圈子·段子Ⅲ：港澳富豪那些事儿》《圈子·段子外传：好汉们崛起的秘密》《圈子·段子之民国陈光甫：一个领先时代的银行家》《圈子·段子之民国席正甫：缔造金融家族的教父》等书。

段传敏，战略营销专家、财经专家、中国营销创新联盟主席、《执行官》杂志出品人。出版有《苏宁：连锁的力量》《尚品宅配凭什么》等书。

徐军，财经媒体人，现任《执行官》杂志执行主编，曾任职《IT时代周刊》《南方企业家》等媒体。

图书在版编目(CIP)数据

常读·人物志·现实与创意/陆新之编.—成都:西南财经大学出版社,2015.8
ISBN 978-7-5504-1959-9

Ⅰ.①常… Ⅱ.①陆… Ⅲ.①企业家—生平事迹—中国 Ⅳ.①K825.38

中国版本图书馆 CIP 数据核字(2015)第 123938 号

常读·人物志·现实与创意
CHANGDU·RENWUZHI·XIANSHI YU CHUANGYI
陆新之　主编

图书策划:亨通堂文化
责任编辑:李才
助理编辑:陈丝丝
特约编辑:朱莹
封面设计:墨创文化
责任印制:封俊川

出版发行	西南财经大学出版社(四川省成都市光华村街55号)
网　　址	http://www.bookcj.com
电子邮件	bookcj@foxmail.com
邮政编码	610074
电　　话	028-87353785　87352368
照　　排	四川胜翔数码印务设计有限公司
印　　刷	郫县犀浦印刷厂
成品尺寸	140mm×200mm
印　　张	7.25
字　　数	150 千字
版　　次	2015 年 8 月第 1 版
印　　次	2015 年 8 月第 1 次印刷
书　　号	ISBN 978-7-5504-1959-9
定　　价	30.00 元

版权所有,翻印必究。